# 宋余仁仲本春秋穀梁傳

晉 范甯集解 清 楊守敬考異

中國國家圖書館藏清光緒八年遵義黎庶昌日本東京使署覆刻宋紹熙建安余仁仲萬卷堂刻本

山東人民出版社·濟南

**圖書在版編目（CIP）數據**

宋余仁仲本春秋穀梁傳 /（晋）范甯集解；（清）楊守敬考異 .— 濟南：山東人民出版社，2024.3

（儒典）

ISBN 978-7-209-14268-7

Ⅰ.①宋… Ⅱ.①范… ②楊… Ⅲ.①《春秋》- 注釋 Ⅳ.① K225.04

中國國家版本館 CIP 數據核字（2024）第 036120 號

項目統籌：胡長青
責任編輯：劉嬌嬌
裝幀設計：武　斌
項目完成：文化藝術編輯室

**宋余仁仲本春秋穀梁傳**

〔晋〕范甯集解　〔清〕楊守敬考異

主管單位　山東出版傳媒股份有限公司
出版發行　山東人民出版社
出 版 人　胡長青
社　　址　濟南市市中區舜耕路517號
郵　　編　250003
電　　話　總編室（0531）82098914
　　　　　市場部（0531）82098027
網　　址　http://www.sd-book.com.cn
印　　裝　山東華立印務有限公司
經　　銷　新華書店

規　　格　16開（160mm×240mm）
印　　張　22.5
字　　數　180千字
版　　次　2024年3月第1版
印　　次　2024年3月第1次
ISBN 978-7-209-14268-7
定　　價　54.00圓

# 《儒典》選刊工作團隊

# 前言

中國是一個文明古國、文化大國，中華文化源遠流長，博大精深。在中國歷史上影響較大的是孔子創立的儒家思想，因此整理儒家經典、注解儒家經典，爲儒家經典的現代化闡釋提供权威、典范、精粹的典籍文本，是推進中華優秀傳統文化創造性轉化、創新性發展的奠基性工作和重要任務。

中國經學史是中國學術史的核心，歷史上創造的文本方面和經解方面的輝煌成果，大量失傳了。西漢是經學的第一個興盛期，除了當時非主流的《詩經》毛傳以外，其他經師的注釋後來全部失傳了。東漢的經解衹有鄭玄、何休等少數人的著作留存下來，其餘也大都失傳了。南北朝至隋朝興盛的義疏之學，其成果僅有皇侃《論語疏》幸存於日本。五代時期精心校刻的《九經》、北宋時期國子監重刻的《九經》以及校刻的單疏本，也全部失傳。南宋國子監刻的單疏本，我國僅存《周易正義》、《爾雅疏》、《春秋公羊疏》（三十卷殘存七卷）、《春秋穀梁疏》（十二卷殘存七卷），日本保存了《尚書正義》、《毛詩正義》、《禮記正義》（七十卷殘存八卷）、《周禮疏》（日本傳抄本）、《春秋公羊疏》（日本傳抄本）、《春秋正義》（日本傳抄本）。南宋兩浙東路茶鹽司刻八行本，我國保存下來的有《周禮疏》、《禮記正義》、《春秋左傳正義》（紹興府刻）、《論語注疏解經》（二十卷殘存十卷）、《孟子注疏解經》（存臺北『故宫』），日本保存有《周易注疏》《尚書正義》（凡兩部，其中一部被清楊守敬購歸）。南宋福建刻十行本，我國僅存《春秋穀梁注疏》、《春秋左傳注疏》（六十卷，一半在大陸，一半在臺灣），日本保存有《毛詩注疏》《春秋左傳注疏》。從這些情況可以看出，經書代表性的早期注釋和早期版本國内失傳嚴重，有的僅保存在東鄰日本。

鑒於這樣的現實，一百多年來我國學術界、出版界努力搜集影印了多種珍貴版本，但是在系統性、全面性和準確性方面都還存在一定的差距。例如唐代開成石經共十二部經典，石碑在明代嘉靖年間地震中受到損害，明代萬曆初年西安府學等學校師生曾把損失的文字補刻在另外的小石上，立於唐碑之旁。近年影印出版唐石經拓本多次，都是以唐代石刻與明代補刻割裂配補的裱本爲底本。由於明代補刻采用的是唐碑的字形，這種配補本難以區分唐刻與明代補刻，不便使用，亟需單獨影印唐碑拓本。

爲把幸存於世的、具有代表性的早期經解成果以及早期經典文本收集起來，系統地影印出版，我們規劃了《儒典》編纂出版項目。

《儒典》出版後受到文化學術界廣泛關注和好評，爲了滿足廣大讀者的需求，現陸續出版平裝單行本。共收録一百十一種元典，共計三百九十七册，收録底本大體可分爲八個系列：經注本（以開成石經、宋刊本爲主。開成石經僅有經文，無注，但它是用經注本删去注文形成的）、經注附釋文本、纂圖互注本、單疏本、八行本、十行本、宋元人經注系列、明清人經注系列。

《儒典》是王志民、杜澤遜先生主編的。本次出版單行本，特請杜澤遜、李振聚、徐泳先生幫助酌定選目。特此説明。

二〇二四年二月二十八日

# 目録

# 影宋紹熙本穀梁傳

古逸叢書之二

遵義黎氏校刊

# 春秋穀梁傳序

昔周道衰陵乾綱絶紐○乾其連反天也紐女久反禮壞樂崩彝倫攸斁○彝倫以之反彝常倫理也攸斁丁故反字書作殬敗也弑逆篡盜者國有○弑申志反又作殺音同篡盜初患反爾雅云取也淫縱破義者比肩○淫縱子用反是以妖災因釁而作○釁許靳反民俗染化而遷陰陽爲之愆度○爲之于僞反下同七耀爲之盈縮○縮所六反川岳爲之崩竭鬼神爲之疵厲○疵才斯反厲音例又作癘故父子之恩缺則小弁之刺作○缺丘悦反弁歩寒反刺七賜反此所引皆詩篇名谷風在邶風餘皆小雅君臣之禮廢則桑扈之諷興○扈音戶諷方鳳反又作風夫婦之道絶則谷風之篇奏骨肉之親離則角弓之怨彰君子之路塞則白駒之詩賦天垂象見吉凶○見賢徧反聖

作訓。紀成敗。欲人君戒慎厥行。○行下孟反 增修德政。蓋誨爾諄諄。聽我藐藐。○藐亡角反 履霜堅冰。所由者漸。四夷交侵。華戎同貫。幽王以暴虐見禍。平王以微弱東遷。征伐不由天子之命。號令出自權臣之門。故兩觀表而臣禮亡。○觀古亂反 朱干設而君權喪。○喪息浪反下道喪同 下陵上替。僭逼理極。○替他計反僭子念反 天下蕩蕩。王道盡矣。孔子覩滄海之橫流。迺喟然而嘆曰。○喟起愧反又苦怪反 文王既沒。文不在茲乎。言文王之道喪。興之者在己。於是就大師而正雅頌。○大師音泰 因魯史而脩春秋。列黍離於國風。齊王德於邦君。所以明其不能復雅。○復扶又反 政化不足以

漢司空掾任城樊何休序○陸氏音義曰掾弋絹反

昔者孔子有云吾志在春秋行在孝經此二學者聖人之極致治世之要務也○治直吏反傳春秋者非一本據亂而作其中多非常異義可怪之論○論盧困反下持論同說者疑惑至有倍經任意反傳違戾者其勢雖問不得不廣是以講誦師言至於百萬猶有不解時加釀嘲辭○讓嘲陟交反援引他經失其句讀以無爲有甚可閔笑者不可勝記也是以治古學貴文章者謂之俗儒至使賈逵緣隙奮筆以爲公羊可奪左氏可興恨先師觀聽不決多隨二創此世之餘事斯豈非守文持論敗

續失據之過哉。余竊悲之久矣往者略依胡母生條例〇毋音無多得其正。故遂隱括。使就繩墨焉〇隱括古奪反結也

公羊穀梁二書書肆苦無善本謹以家藏監本及江浙諸處官本參校頗加釐正惟是陸氏釋音字或與正文字不同如此序釀嘲陸氏釀作讓隱元年嫡子作適歸含作啥召公作邵桓四年曰蒐作廋若此者衆皆不敢以臆見更定姑兩存之以俟知者紹熙辛亥孟冬朔日建安余仁仲敬書



日本東京　木邨嘉平刻

被羣后也〇被皮義反於時則接乎隱公。故因茲以託始。該二儀之化育。贊人道之幽變。舉得失以彰黜陟。明成敗以著勸誡。拯頹綱以繼三五〇拯拯救之拯頹徒回反鼓芳風以扇遊塵。一字之褒。寵踰華袞之贈〇袞古本反袞冕上公之服片言之貶。辱過市朝之撻〇貶彼檢反市朝直遥反撻吐達反德之所助。雖賤必申。義之所抑。雖貴必屈。故附勢匿非者。無所逃其罪〇匿女力反潛德獨運者。無所隱其名。信不易之宏軌。百王之通典也。先王之道既弘。麟感化而來應〇麟本又作驎呂辛反瑞獸也應應對之應因事備而終篇。故絕筆於斯年。成天下之事業。定天下之邪正〇邪似嗟反莫善於春秋。春秋之傳有三。

而爲經之旨一。臧否不同。○臧子郎反否音鄙又方九反臧否猶善惡也褒貶殊致蓋九流分而微言隱。異端作而大義乖。左氏以鬻拳兵諫爲愛君○鬻音育拳音權文公納幣爲用禮。穀梁以衞輒拒父爲尊祖。不納子糾爲內惡○糾居黝反公羊以祭仲廢君爲行權○祭側界反妾母稱夫人爲合正。以兵諫爲愛君。是人主可得而脅也。以納幣爲用禮。是居喪可得而婚也。以拒父爲尊祖。是爲子可得而叛也。以不納子糾爲內惡。是仇讎可得而容也。以廢君爲行權。是神器可得而闚也○闚本又作窺去規反以妾母爲夫人。是嫡庶可得而齊也○嫡丁歷反本又作適亦同若此之類。傷教害義。不可得強通者也〇強其丈反凡傳以通經爲主。經以必當爲理〇當丁浪反下同夫至當無二。而三傳殊說。庸得不棄其所滯。擇善而從乎。既不俱當。則固容俱失。若至言幽絕。擇善靡從。庸得不並舍以求宗。據理以通經乎〇舍以音捨雖我之所是。理未全當。安可以得當之難。而自絕於希通哉〇難乃旦反而漢興以來。瓌望碩儒〇瓌古回反各信所習。是非紛錯〇錯七洛反準裁靡定〇裁在代反又音才下同故有父子異同之論。石渠分爭之說〇父子異同謂劉向好穀梁劉歆善左氏之論力困反石渠其居反閣名漢宣帝時使諸儒講論同異於石渠閣也分爭爭鬬之爭廢興由於好惡〇好呼報反惡烏路反盛衰繼之辯訥〇字書云訥或作吶乃骨反字詁云訥遲於言也包咸論語注云遲鈍也斯蓋非通方之至理。誠君子之所歎息也。左氏豔而富。其失也巫○豔移驗反巫音無穀梁清而婉。其失也短○婉於阮反公羊辯而裁。其失也俗。若能富而不巫。清而不短。裁而不俗。則深於其道者也。故君子之於春秋。沒身而已矣。升平之末。歲次大梁。先君北蕃迴軫○蕃方元反又作藩頓駕于吳。乃帥門生故吏。我兄弟子姪○姪徒節反字林文一反杜預注左氏傳云兄子曰姪研講六籍。次及三傳。左氏則有服杜之注。公羊則有何嚴之訓。釋穀梁傳者。雖近十家○近附近之近皆膚淺末學。不經師匠。辭理典據。既無可觀。又引左氏公羊。以解此傳。文義違反。斯害也已。於是乃商略名例。敷陳疑滯。博示諸儒同異之說。昊天不弔。大山其頽〇昊天胡老反詩云欲報之德昊天亡極本又作旻亡巾反 匍匐墓次。死亡無日〇匍音蒲又音扶匐蒲北反又音服 日月逾邁〇逾音揄 跂及視息〇跂丘弭反又丘豉反 乃與二三學士。及諸子弟。各記所識。并言其意。業未及終。嚴霜夏墜〇墜直類反 從弟彫落〇從才用反 二子泯沒〇泯忘忍反又作泯 天實喪予〇喪息浪反 何痛如之。今撰諸子之言。各記其姓名。名曰春秋穀梁傳集解

# 春秋穀梁傳隱公第一

○隱公名息姑惠公之子周王八世孫平王四十九年即位

范甯集解

元年。春。王正月。隱公之始年周王之正月也杜預曰凡人君即位欲其體元以居正故不言一年一月也○正音征又如字後皆放此

雖無事。必舉正月。謹始也。謹君即位之始公何以不言即位。據文公言即位成公志也。成隱讓桓之志焉成之。言君之不取爲公也。言隱意不取爲魯君也公君也上言君下言公互辭○焉於虔反君之不取爲公何也。將以讓桓也。讓桓正乎。曰。不正。隱長桓幼○長丁丈反又作丈音同春秋成人之美。不成人之惡。隱不正而成之何也。將以惡桓也。不明讓者之善則取者之惡不顯○之惡烏各反下注之惡同惡桓烏路反下其惡桓同其惡桓何也。隱將讓而桓弒之。則桓惡矣。桓弒而隱讓。則隱善矣。善則其不正焉何也。據善無不正○弒申志反又作殺如字後

五十五○

皆同 春秋貴義而不貴惠 惠謂私惠 信道而不信邪 信申字古今所共用○信音申邪似嗟反下及注皆同 孝子揚父之美。不揚父之惡。先君之欲與桓。非正也。邪也。雖然。既勝其邪心以與隱矣 終歸之於隱是以正道制邪心 已探先君之邪志。而遂以與桓。則是成父之惡也。兄弟天倫也。兄先弟後天之倫次○探吐南反 為子受之父。為諸侯受之君 隱為世子親受命於惠公為魯君已受之於天王矣 已廢天倫而忘君父以行小惠。曰小道也 弟先於兄是廢天倫私以國讓是忘君父 若隱者。可謂輕千乘之國。蹈道則未也 未履居正之道○乘繩證反○公侯之國賦千乘蹈道上徒報反履行之名也下如字 ○三月。公及邾儀父盟于眛 邾附庸之國眛魯地○邾音誅國名儀父凡人名字皆音甫後放此更不重音眛音蔑地名左氏作蔑注下皆同 及者何。内為志焉爾 内謂魯也 儀。字也。父。猶傅也。男子之美稱也（傳師傅附庸之君未王命例稱名善其結信於魯故以字配之○美稱尺證反）其不言邾子何也（邾自此以上是附庸國○據莊十六年邾子卒稱邾子）邾之上古微，未爵命於周也（○上時掌反）不日，其盟渝也（日者所以謹信盟變故不日七年公伐邾是也○不日人實反不日謂不書日也榖梁皆以日月為例他皆放此渝羊朱反變也）眛，地名也。○夏五月，鄭伯克段于鄢（段有徒衆攻之為害必深故謹而月之鄢鄭地○鄢音偃地名）克者何？能也。何能也？能殺也。何以不言殺？見段之有徒衆也（言鄭伯能殺則邦人不能殺矣知段衆力彊盛唯國君能殺之○見賢徧反）段，鄭伯弟也。何以知其為弟也？殺世子母弟目君，以其目君，知其為弟也（母弟同母弟也目君謂稱鄭伯）段，弟也，而弗謂弟；公子也，而弗謂公子，貶之也。段失子弟之道矣。賤段而甚鄭伯也（賤段謂不稱公子公弟甚鄭伯謂目君也）何甚乎鄭伯？甚鄭伯之處心積慮，成於殺也（雍曰

段恃寵驕恣彊足當國鄭伯不能防閑以禮教訓以道縱成其罪終致大辟勵心積思志欲殺弟○大辟婢亦反思息吏反于鄢。遠
也。猶曰取之其母之懷中而殺之云爾。甚之也段奔
走乃至於鄢去已遠矣鄭伯猶追殺之何以異於探其母懷中赤子而殺之乎君殺大夫例不地甚鄭伯之殺弟故謹其地然則
爲鄭伯者宜奈何。緩追逸賊。親親之道也君親無將將而必誅
焉此蓋臣子之道所犯在己故可以申兄弟之恩○秋。七月。天王使宰咺來歸惠
公仲子之賵宰官咺名仲字子宋姓也婦人以姓配字明不忘本示不適同姓也妾子爲君賵當稱謚成風是也仲子
乃孝公時卒故不稱謚賵例時書月以譏其晚○宰咺況阮反注同仲子惠公之母也與左氏作同賵芳鳳反注及下同母以子
氏妾不得體君故以子爲氏平王新有幽王之亂遷于成周欲崇禮諸侯仲子早卒無由追賵故因惠公之喪而來賵之仲
子者何。惠公之母。孝公之妾也。禮。賵人之母則可。
賵人之妾則不可。君子以其可辭受之。其志。不及
事也常事不書賵者何也。乘馬曰賵。衣衾曰襚。貝玉曰

含錢財曰賻（四馬曰乘含口實○乘繩證反襚音遂含戶暗反又作唅賻音附）○九月及宋人盟于宿及者何內卑者也宋人外卑者也卑者之盟不日（卑者謂非卿大夫也凡非卿大夫盟信之與不例不日）宿邑名也○冬十有二月祭伯來來者來朝也其弗謂朝何也寰內諸侯非有天子之命不得出會諸侯不正其外交故弗與朝也（天子畿內大夫有采地謂之寰內諸侯○祭側界反朝直遥反寰音縣古縣字一音環又音患寰內圻內也畿本或作圻音祈）聘弓鍭矢不出竟場束脩之肉不行竟中有至尊者不貳之也（聘遺所以結二國之好將彼我之意臣當稟命於君無私朝聘之道○鍭音侯又音侯竟音境本或作境場音亦遺唯季反好呼報反稟彼錦反）○公子益師卒大夫日卒正也（君之卿佐是謂股肱股肱或虧何痛如之故錄其卒日以紀恩）不日卒惡也（罪故略之）

二年春公會戎于潛（凡年首月承於時時承於年文體相接春秋因書王以配之所以見王者上奉

七十。
時承天而下統正萬國之義然春秋記事有例時者若事在時例則時而不月月繼事末則月而不書王書王必皆上承春而下屬於月文表
年始事莫之先所以致恭而不黷者他皆放此唯桓有月無王以見不奉王法爾南蠻北狄東夷西戎皆氐羌之別種潛魯地會例時○見王
賢徧反下同屬章玉反黷徒木反放甫往反後此例不音氐丁兮反本又作氐種章勇反會者。外爲主焉爾。
知者慮察安審危○知音智義者行臨事能斷○斷丁亂反仁者守衆之所歸守必堅固
○守如字有此三者。然後可以出會。會戎。危公也。無此三者不可
以會而況會戎乎○夏。五月。莒人入向。入例時惡甚則日次惡則月他皆放此○莒音舉向舒亮
反惡烏各反並同入者。內弗受也。入無小大苟不以罪則義皆不可受向。我邑也。自魯
而言故曰我也○無侅帥師入極。二千五百人爲師○侅音該又户楷反左氏作駭入者。內
弗受也。極。國也。諱滅同姓故變滅言入傳例曰滅國有三術中國日卑國月夷狄時極蓋卑國也內謂所入之
國非獨魯也苟焉以入人爲志者。人亦入之矣。不稱氏者。
滅同姓。貶也。○秋。八月。庚辰。公及戎盟于唐。傳例曰及

者內爲志焉爾唐魯地○九月。紀履緰來逆女不親逆則例月重錄之親逆則例時○履緰音須左氏作裂繻下注同逆女。親者也親者謂自逆之也使大夫。非正也。以國氏者。爲其來交接於我。故君子進之也傳例曰當國以國氏卑者以國氏進大夫以國氏國氏雖同而義各有當公子公孫篡君代位故去其氏族國氏以表其無禮齊無知之徒是也若庶姓微臣雖爲大夫不得爵命無代位之嫌既不書其氏族當知某國之臣故國氏以別之宋萬之倫是也履緰以名繫國著其奉國重命來爲君逆得接公行禮故以國氏重之成九年宋不書逆女以其逆者微今書履緰亦足知其非卑者公羊傳曰春秋貴賤不嫌同號美惡不嫌同辭左氏舍族之例或厭以尊君或貶以著罪此傳隱公去即位以明讓莊公去即位以表繼弒文同而義異者甚衆故不可以一方求之○爲其于僞反注來爲同有當丁浪反故去起呂反下同以別彼列反美惡烏路反又如字舍族音捨或厭於葉反○冬。十月。

伯姬歸于紀伯姬魯女禮。婦人謂嫁曰歸。反曰來歸嫁而曰歸明外屬也反曰來歸明從外至反謂爲夫家所遣從人者也。婦人在家制於父既嫁制於夫。夫死從長子。婦人不專行。必有從也。

五十。

伯姬歸于紀。此其如專行之辭何也。曰。非專行也。吾伯姬歸于紀。故志之也。其不言使何也。柽不言使屨復緰來逆女○長丁丈反逆之道微。無足道焉爾。言君不親迎而大夫來逆故曰微也既失其大不復稍明其細故不言使屨復緰也○迎魚敬反復扶又反○紀子伯莒子盟于密。密莒地○子伯如字長也左氏作子帛或曰。紀子伯莒子而與之盟。紀子以莒子爲伯而與之盟伯長也或曰。年同爵同。故紀子以伯先也。年爵雖同紀子自以爲伯而先○十有二月。乙卯。夫人子氏薨。夫人薨例日夫人曰薨從夫稱○稱尺證反夫人薨不地。夫人無出竟之事薨有常處○處昌慮反夫人者。隱之妻也。卒而不書葬。夫人之義。從君者也。隱弑賊不討故不書葬○鄭人伐衛。傳例曰斬樹木壞宮室曰伐伐例時○壞音怪又戶怪反

三年。春。王二月。己巳。日有食之。杜預曰日行遲一歲一周天月行疾一月一周天一

歲凡十二交會然日月動物雖行度有大量不能不小有盈縮故有雖交會而不食者或有頻交而食者唯正陽之月君子忌之故有伐鼓用幣之事京房易傳曰日者陽之精人君之象驕溢專明爲陰所侵則有日食之災不救必有篡臣之萌其救也君懷謙虛下賢受諫任德日食之災爲消也○日有食之本亦作蝕音同後皆倣此量音亮下遐嫁反爲消于僞反

言日不言朔，食晦日也。其日有食之何也？吐者外壤，食者內壤。凡所吐出者其壤在外其所吞咽者壤入於內○壤而丈反吞勑恩反又音天咽於見反

闕然不見其壤，有食之者也。今日闕損而不知壤之所在此必有物食之○見如字又賢貝偏反

有，內辭也；或，外辭也。邵曰食者內壤故曰內辭吐者外壤故曰外辭傳無外辭之文者蓋時無外壤也而曰或外辭者因事以明義例爾猶傳云二穀不升謂之饉四穀不升謂之康亦無其事○饉渠吝反

有食之者，內於日也。內於日以壤不見於外○見賢徧反又如字

其不言食之者何也？知其不可知，知也。○不可知知也上知如字下知音智

○三月，庚戌，天王崩。平王也

高曰崩，梁山崩厚曰崩，沙鹿崩尊曰崩。天子之崩，以尊也。其崩之何也？以

其在民上。故崩之。其不名何也。大上。故不名也。夫名者所以相別爾居人之大在民之上故無所名○大並如字夫音符發句之端皆同別彼列反○夏。四月。辛卯。尹氏卒文三年王子虎卒不日此日者錄其恩深也○尹如字周大夫也左氏作君氏尹氏者何也。天子之大夫也。外大夫不卒。此何以卒之也。於天子之崩爲魯主。故隱而卒之隱猶痛也周禮大行人職曰若有大喪則詔相諸侯之禮然則尹氏時在職而詔魯人之弔者不書官名疑其譏世卿○相息亮反○秋。武氏子來求賻天王使不正者月今無君不稱使故亦略而書時武氏子者何也。天子之大夫也。天子之大夫。其稱武氏子何也。未畢喪。孤未爵平王之喪在殯未爵使之。非正也。其不言使何也據桓十五年天王使家父來求車稱使無君也桓王在喪未即位故曰無君歸死者曰賵。歸生者曰賻。曰歸之者。正也。求之者。非正也喪事無求而有賵賻周雖

不求。魯不可以不歸。魯雖不歸。周不可以求之。求
之爲言。得不得未可知之辭也。交譏之。○八月。庚
辰。宋公和卒 天子曰崩諸侯曰薨大夫曰卒周之制也春秋所稱曲存魯史之義内稱公而書薨所以自尊其君
則不得不略外諸侯書卒以自異也至於既葬雖邾許子男之君皆稱
謚而言公各順臣子之辭兩通其義鄭君曰禮雜記上曰君薨赴於他
國之君曰寡君不祿敢告於執事曲禮下曰壽考曰卒短折曰不祿君
薨赴而云不祿者臣子之於君父雖有壽考猶若短折痛傷之至也若
赴稱卒是以壽終無哀惜之心非臣子之辭鄰國來赴書以卒者無老
無幼皆以成人之稱亦所以相尊敬○謚市至反後皆同短丁緩反折
時設反下同有壽市又反又如字 諸侯日卒。正也 正謂承嫡 ○冬。十有二月。
齊侯。鄭伯。盟于石門 傳例曰外盟不日石門齊地 ○癸未。葬宋繆
公。日葬。故也。危不得葬也 天子七月而葬諸侯五月而葬大夫三月而葬傳例曰諸侯時
葬正也月葬故也日者憂危最甚不得備禮葬也他皆放此徐邈曰文
元年傳曰葬曰會言有天子諸侯之使共赴會葬事故凡書葬皆據我
而言葬彼所以不稱宋葬繆公而言葬宋繆公者弔會之事賵襚之命
此常事無所書故但記卒記葬録魯恩義之所及則哀其喪而恤其終

亦可知矣若存沒隔絶情禮不交則卒葬無文或有書卒不書葬葢外雖赴卒而內不會葬無其事則闕其文史策之常也穀梁傳稱變之不葬有三弑君不葬國滅不葬失德不葬言夫子脩春秋所改舊史以示義者也弑君之賊天下所當同誅而諸侯不能治臣子不能討雖葬事是供義何足算亡國之君喪事不成則不應書葬失德之主無以守位故沒葬文傳於宋襄公著失民之咎宋共公發非葬之問言伯姬賢而不荅共公不能弘家人之禮然則爲君者外之不足以全國內之不足以正家皆所謂失德而終禮宜貶者也于時諸國多失道不可悉去其葬故於二君示義而大體明矣○繆音穆本亦作穆之使所吏反下同策本又作筴初革反算素緩反數也宋共公音恭本又作恭去起呂反

四年。春。王二月。莒人伐杞。取牟婁。傳例曰取易辭也伐國不言圍邑言圍邑皆有所見伐國及取邑例時此月者蓋爲下戊申衛君完卒日起也凡例宜時而書月者皆緣下事當日故也日必繼於月故不得不書月事實在先故不得後録也他皆放此○杞音起牟亡侯反易以豉反見賢徧反蓋爲于僞反傳曰。言伐言取所惡也稱傳曰者穀梁子不親受于師而聞之於傳者既伐其國又取其土明伐不以罪而貪其利兩書取伐以彰其惡○所惡烏路反又如字於傳直專反諸侯相伐取地於是始。故謹而志之也春秋之始○戊申。衛祝吁弑其君完弑君日與不日從其君正與不正之例也祝吁衛公

子○祝吁香于反左氏公羊及詩作州吁宁音九大夫弒其君以國氏者嫌也弒
而代之也凡非正嫡則謂之嫌○夏公及宋公遇于清遇例時清衛地及
者內爲志焉爾元年與宋人盟于宿故今復尋之○復扶又反遇者志相得也
八年傳曰不期而會曰遇今曰內爲志非不期也然則遇有二義○宋公陳侯蔡人衛人伐
鄭○秋翬帥師會宋公陳侯蔡人衛人伐鄭翬者
何也公子翬也其不稱公子何也據莊二年公子慶父帥師伐於餘丘稱公
子○翬音暉下同貶之也杜預曰外大夫貶皆稱人內大夫貶皆去族稱名記事之體他國可言其人而已之卿佐不得
言魯人○去起呂反何爲貶之也與于弒公故貶也○與音預○九月
衛人殺祝吁于濮濮陳地水名○濮音卜稱人以殺殺有罪也
有弒君之罪者則舉國之人皆欲殺之祝吁之挈失嫌也不書氏族提挈其名而道之也衆所同疾
威力不足以自固失當國之嫌○挈本又作挈苦結反注同其月謹之也討賊例時也衛人不能即討祝吁致

令出入自恣故謹其時月所在以著臣子之緩慢也○令力呈反下同于濮者。譏失賊也。譏其不即討乃令至濮○冬。十有二月。衛人立晉。立納入皆篡也大國篡例月小國時衛人者。衆辭也。立者。不宜立者也。嗣子有常位故不言立晉之名。惡也。惡謂不正○惡也烏各反其稱人以立之何也。得衆也。得衆則是賢也。賢則其曰不宜立何也。春秋之義。諸侯與正而不與賢也。雍曰正謂嫡長也夫多賢不可以多君無賢不可以無君立君非以尚賢所以明有統也建儲非以私親所以定名分名分定則賢無亂長之階而自賢之禍塞矣君無嬖幸之由而私愛之道滅矣○嫡丁歷反長丁丈反下同儲直魚反分扶問反嬖必計反

五年。春。公觀魚于棠。傳例曰公往時正也正謂無危事耳棠魯地○觀魚如字左氏作矢魚傳曰。常事曰視。視朔之類是非常曰觀。觀魚之類是禮。尊不親小事。卑不尸大功。尸主魚。卑者之事也。周禮𩶢人中士下士○𩶢音魚公觀之

非正也○夏四月葬衛桓公月葬故也有祝吁之難故十五月乃葬○難乃旦反○秋衛師入郕入者內弗受也郕國也將卑師衆曰師書其重者也將卑謂非卿郕音成將卑子匠反注同○○九月考仲子之宮失禮宗廟功重者月功輕者時莊二十三年秋丹桓宮楹是也考者何也考者成之也成之為夫人也立其廟祭之成夫人之禮禮庶子為君為其母築宮使公子主其祭也公當奉宗廟故不得自主也公子者長子之弟及妾之子○為于僞反長丁丈反於子祭於孫止貴賤之序仲子者惠公之母隱孫而脩之非隱也非責也三年父喪畢不於三年考者又有天王崩至此服竟乃脩之初獻六羽羽翟羽舞者所執獻者下奉上之辭作之於廟故言獻初始也遂以為常穀梁子曰舞夏天子八佾諸公六佾諸侯四佾言穀梁子者非受於師自其意也夏大也大謂大雉大雉翟雉佾之言列八人為列又有八列八八六十四人也並執翟雉之羽而舞也天子用八象八風諸公用六降殺以兩也

不言六佾者言佾則干在其中明婦人無武事獨奏文樂○舞夏戶雅反注及下同佾音逸列也殺色界反初獻六羽。始僭樂矣下犯上謂之僭○僭子念反尸子曰。舞夏自天子至諸侯皆用八佾。初獻六羽。始厲樂矣言時諸侯僭侈皆用八佾魯於是能自減厲而始用六穀梁子言其始僭尸子言其始降○侈昌是反又尺是反○邾人。鄭人。伐宋邾主兵故序鄭上○螟蟲災也。甚則月。不甚則時甚則即盡不及歷月禮月令曰仲春行夏令則蟲螟爲害○螟亡丁反○冬。十有二月。辛巳。公子彄卒杜預曰大夫書卒不書葬葬者自其臣子事非公家所及○彄苦侯反隱不爵命大夫。其曰公子彄何也據八年無駭卒不稱公子先君之大夫也隱不成爲君故不爵命大夫公子不爲大夫則不言公子也○宋人伐鄭。圍長葛長葛鄭邑圍例時伐國不言圍邑據莊二年公子慶父帥師伐於餘丘不言圍也伐國不言圍邑書其重也此其言圍何也。久之也宋以此冬圍之至六年冬乃取之古者師出不踰時重民之命愛民之財乃暴師經年僅而後克無仁隱之心而有貪利之行故圍伐兼舉以明之○暴步卜反本或作㬥暴露也僅渠吝反行下孟反伐不踰時戰不逐奔誅不塡服來服者不復塡猒之○塡音田復扶又反下同猒於甲反苞人民毆牛馬曰侵斬樹木壞宮室曰伐制其人民毆其牛馬賊去之後則可還反樹木斬不復生宮室壞不自成故其爲害重也○毆亡于反注同壞音怪一戶怪反六年同

六年春鄭人來輸平杜預曰和而不盟曰平○輸失朱反墮也左氏作渝平輸者墮也平之爲言以道成也來輸平者不果成也春秋前魯與鄭平四年翬與宋伐鄭故來絶魯曾壞前平也○墮許規反壞毀之也

○夏五月辛酉公會齊侯盟于艾艾曾地隱行皆不致者明其當讓也○艾五蓋反

○秋七月無事書首月不遺時也他皆放此

○冬宋人取長葛前年冬圍至今乃得之上有伐鄭圍長葛言長葛則鄭邑可知故不繫之鄭外取邑不志此其志何也久之也

七年春王三月叔姬歸于紀叔姬伯姬之娣至此歸者待年於父母之國六年乃歸媵

之爲言送也從也不與嫡俱行非禮也親逆例時不親逆例月許慎曰姪娣年十五以上能共事君子可以往二十而御易曰歸妹愆期遲歸
有待詩云韓侯取妻諸娣從之祁祁如雲娣必少於嫡知未二十而往也○娣徒細反女弟曰娣媵以證反又繩證反從才用反下同一音如
字上時掌反共事音恭本亦作供愆起虔反取七喻反少詩照反下文及注同其不言逆何也據莊二十七年
莒慶來逆叔姬言逆逆之道微。無足道焉爾逆者非卿○滕侯卒。滕
侯無名自無名非貶之○滕徒登反少曰世子。長曰君。狄道也。其不
正者。名也戎狄之道年少之時稱曰世子長立之號曰君其非正長嫡然後有名爾責滕侯用狄道也○長曰丁丈反注
同嫡本又作適丁歷反○夏城中丘。城例時中丘魯地城爲保民爲之也建國
立城邑有定所高下大小存乎王制刺公不脩勤德政更造城以安民○爲于僞反下爲其同刺七賜反民衆城小則
益城。益城無極。凡城之志皆譏也夫保民以德不以城也如民衆而城小輒
益城是無限極也此發凡例施之於城内邑○齊侯使其弟年來聘聘例時凡聘皆使卿執玉
帛以相存問諸侯之尊。弟兄不得以屬通禮非始封之君則臣諸父昆弟匹敵

之稱人臣不可以敵君故不得以屬通所以遠別貴賤尊君卑臣之義○稱尺證反別彼列反下同其弟云者。以其來接於我舉其貴者也弟是臣之親貴者殊別於凡庶○秋。公伐邾。○冬。天王使凡伯來聘凡氏伯字上大夫也戎伐凡伯于楚丘以歸。凡伯者何也。天子之大夫也。國而曰伐。此一人而曰伐何也。大天子之命也伐一人而同一國尊天子之命戎者衛也。戎衛者。爲其伐天子之使。貶而戎之也。楚丘。衛之邑也。以歸。猶愈乎執也夫天子之使過諸侯諸侯當候在疆場膳宰致餼司里授館猶懼不敬今乃執天子之使無禮莫大焉昭十二年晉伐鮮虞傳曰晉狄之也今不曰衛伐凡伯乃變衛爲戎者伐中國之罪輕故稱國以狄晉執天子之使罪重故變衛以戎之以一人當一國諱執言以歸皆尊尊之正義春秋之微旨○之使所吏反注同愈羊主反過古卧反又古禾反疆本又作壃亦作強音姜埸音亦餼許氣反牲腥曰餼伐鮮音仙

八年。春。宋公衛侯遇于垂垂衛地不期而會曰遇。遇

者志相得也○三月鄭伯使宛來歸邴凡有所歸例時邴鄭邑○宛於阮反邴彼病反一音丙左氏作祊名宛所以貶鄭伯惡與地也去其族惡擅易天子之邑○惡與烏路反注及下同去起呂反擅市戰反○庚寅我入邴徐邈曰入承鄭歸邴下嫌內外文不別故著我以明之○別彼列反入者內弗受也日入惡入者也邴者鄭伯所受命於天子而祭泰山之邑也王室微弱無復方岳之會諸侯驕慢亦廢朝覲之事故鄭以湯沐之邑易魯朝宿之田也諸侯有大功盛德於王室者京師有朝宿之邑泰山有沐浴之邑所以供祭祀也魯周公之後鄭宣王母弟若此有賜邑其餘則否許慎曰若今諸侯京師之地皆有朝宿之邑周有千八百諸侯盡京師之地不足以容不合事理○復扶又反廢朝直遥反下同覲巨靳反諸侯春見天子曰朝秋見曰覲令力呈反○夏六月己亥蔡侯考父卒諸侯日卒正也○辛亥宿男卒宿微國也未能同盟故男卒也○秋七月庚午宋公齊侯衛侯盟于瓦屋宋序齊上王爵也瓦屋周地外盟不日此其日何也據僖十九

年夏六月宋公曹人邾人盟於曹南不日諸侯之參盟於是始故謹而日之也世道交喪盟詛滋彰非可以經世軌訓故存日以記惡蓋春秋之始也○參七南反喪息浪反詛莊慮反下文同誥誓不及五帝五帝謂黃帝顓頊帝嚳帝堯帝舜也誥誓尚書六誓七誥是其遺文五帝之世道化淳備不須誥誓而信自著○誥古報反誓市制反五帝孔安國云少昊顓頊高辛唐虞鄭玄有黃帝無少昊餘同范依鄭顓頊上音專下音許玉反帝嚳苦篤反高辛名盟詛不及三王三王謂夏殷周也夏后有鈞臺之享商湯有景亳之命周武有盟津之會衆所歸信不盟詛也○夏戶雅反鈞音均亳步各反盟津音孟本亦作孟交質子不及二伯二伯謂齊桓晉文齊桓有召陵之師晉文有踐土之盟諸侯率服不質貞任也○交質音置注同二伯如字又音霸召上照反○八月葬蔡宣公月葬故也○九月辛卯公及莒人盟于包來包來宋邑包音苞一音浮左氏作浮來可言公及人不可言公及大夫稱人衆辭可言公及人若舉國之人皆盟也不可言公及大夫如以大夫敵公故也○螟○螟亡丁反○冬十有二月無侅卒無侅之名未有聞焉未聞者不知為是隱之不爵大夫為是有罪貶去氏族穀梁子

不受之於師故曰未有聞焉○去起呂反或曰隱不爵大夫也若俠卒是○若俠音協九年經同
或說曰故貶之也若無俠師師入極是
九年春天王使南季來聘南氏姓也季字也南季天子之上大夫氏以爲姓也所以別姓者經有王季子來聘祭伯來王祭皆非姓也嫌與同故別之也季云字者明命爲大夫不以名通也○別彼列反祭伯側界反下同凡國名邑名及人名氏皆於始音後不復出若假借之字時復重音後放此聘問也聘諸侯非正也周禮天子時聘以結諸侯之好殷覜以除邦國之慝閒問以諭諸侯之志歸脤以交諸侯之福賀慶以贊諸侯之喜致禬以補諸侯之災許慎曰禮臣病君親問之天子有下聘之義傳曰聘諸侯非正禮所未詳○好呼報反覜他弔反慝他得反惡也閒問閒廁之閒脤市軫反祭肉也禬戶外反或古外反○三月癸酉大雨震電震雷也電霆也○電徒練反霆徒丁反又徒頂反○庚辰大雨雪志疏數也八日之間再有大變陰陽錯行故謹而日之也劉向云雷未可以出電未可以見雷電既以出見則雪不當復降皆失節也雷電陽也雨雪陰也雷出非其時者是陽不能閉陰陰氣縱逸而將爲害

也○雨于付反數色角反向舒亮反見賢徧反復扶又反雨月志正也雨得其時則月○俠卒俠者所俠也俠名也所其氏弗大夫者隱不爵大夫也俠不命爲大夫故不氏隱之不爵大夫何也曰不成爲君也明將立桓○夏城郎郎魯邑○秋七月無事焉何以書不遺時也四時不具不成年也○冬公會齊侯于防防魯地也會者外爲主焉爾

十年春王二月公會齊侯鄭伯于中丘隱行自此皆日月者天告雷雨之異以見篡弒之禍而不知戒懼反更數會故危之○見賢徧反數色角反○夏翬帥師會齊人鄭人伐宋翬隱之罪人也故終隱之世貶之○六月壬戌公敗宋師于菅敗例日與不日皆與戰同菅宋地○公敗以邁反又皮邁反後亦同于菅古顏反內不言戰舉其大者也戰然後敗故敗大於戰辛未取郜郜古報反字林工竺反辛巳取防取邑不日此其日何也據僖三十三年伐邾取訾婁不日○訾子斯反不正其乘

敗人而深爲利取二邑故謹而日之也禮不重傷戰不逐北公敗宋師于菅復取其二邑貪利不仁故謹其日○重直用反逐北如字又音佩本又作逐奔復扶又反○秋宋人衛人入鄭○宋人蔡人衛人伐載鄭伯伐取之凡書取國皆滅也變滅言取明其易○載如字本或作戴易以豉反下文同不正其因人之力而易取之故主其事也三國伐載自足以制之鄭伯不能矜人之危而反與共伐故獨書鄭伯伐取之以首其惡其實四國共取之○惡烏各反○冬十月壬午齊人鄭人入郕入者內弗受也日入惡入者也郕國也○惡烏路反

十有一年春滕侯薛侯來朝天子無事諸侯相朝正也事謂巡守崩葬兵革之事○薛息列反守音狩本亦作狩考禮脩德所以尊天子也諸侯來朝時正也朝宜以時故書時則正也犆言同時也犆言謂別言也若穀伯綏來朝鄧侯吾離來朝同時來不俱至○犆音特獨也本或作特累數皆至也累數揔言之也若滕

（侯薛侯來朝同時俱至○數所主反）○夏五月公會鄭伯于時來（時來鄭地）○秋七月壬午公及齊侯鄭伯入許○冬十有一月壬辰公薨公薨不地故也（不地不書路寢之比○比必利反）隱之不忍地也（隱猶痛也）其不言葬何也君弒賊不討不書葬以罪下也（責臣子也）隱十年無正隱不自正也（無正謂不書正月）元年有正所以正隱也（明隱宜立）

春秋穀梁傳卷第一

經傳貳阡柒伯字
注肆阡陸伯伍拾叁字
音義壹阡肆伯貳拾柒字

仁仲 比校訖

春秋穀梁傳桓公第二○桓公名允桓王九年即位

范甯集解

元年。春。王。桓無王。其曰王何也。謹始也。諸侯無專立之道必受國於王
若桓初立便以見治故詳其即位之始以明王者之義其曰無王何也。桓弟弑兄臣
弑君。天子不能定諸侯不能救。百姓不能去以為
無王之道。遂可以至焉爾。元年有王。所以治桓也。
正月。公即位杜預曰嗣子位定於初喪而改元必須踰年者繼父之業成父之志不忍有變於中年也諸侯每首歲必有禮於廟諸遭喪繼位者因此而改元即位百官以序故國史亦書即位之事於策○去上聲繼故不言即位。
正也故謂弑也繼故不言即位之為正何也。曰先君不
以其道終。則子弟不忍即位也哀痛之至故不忍行即位之禮繼故
而言即位。則是與聞乎弑也。繼故而言即位。是為

與聞乎弑何也。曰：先君不以其道終，已正即位之道而即位，是無恩於先君也。推其無恩則知與弑也，此明統例耳。與弑尚然，況親弑者。〇與聞音豫，下文及注與弑皆同。〇三月，公會鄭伯于垂。垂，衛地也。傳例曰：往月，危往也。桓大惡之人，故會皆月以危之。會者，外為主焉爾。鄭伯所以欲為此會者，為易田故。〇為易，于偽反。

〇鄭伯以璧假許田。假不言以，言以，非假也。實假則不應言以璧。非假而曰假，諱易地也。禮，天子在上，諸侯不得以地相與也。諸侯受地於天子，不得自專。無田則無許可知矣。不言許，不與許也。但言以璧假許而不繼田，則許屬鄭也。今言許田，明以許之田與鄭，不與許邑也。諸侯有功則賜田以祿之，若可以借人，此蓋不欲以實言。〇借，子夜反。許田者，魯朝宿之邑也。邴者，鄭伯之所受命而祭泰山之邑也。用見魯之不朝於周，而鄭之不祭泰山也。朝天子所宿之邑謂之朝宿。泰山非鄭竟內，從天王巡守受命而祭也。擅

相換易則知朝祭並廢○魯朝直遥反下皆同邴内彼病反又音丙見賢徧反竟音境從在用反守音狩擅市戰反換一本亦作逭胡喚反○

夏四月丁未公及鄭伯盟于越越衛地也及者何内爲志焉爾越盟地之名也○秋大水禮月令曰季秋行夏令則其國大水大水例時高下有水災曰大水○冬十月無事焉何以書不遺時也春秋編年四時具而後爲年編録○編必連反字林聲類韻集皆布千反史記音義甫連反

二年春王正月戊申宋督弑其君與夷宋督宋之卑者卑者以國氏○督丁毒反與如字又音餘桓無王其曰王何也正與夷之卒也諸侯之卒天子所隱痛姦逆之人王法所宜誅故書王以正之及其大夫孔父孔父先死其曰及何也書尊及卑春秋之義也邵曰會盟言及别内外也尊卑言及上下序也○别彼列反孔父之先死何也督欲弑君而恐不立於

是乎先殺孔父孔父閑也閑謂扞禦○殺並如字扞下旦反何以知其先殺孔父也曰子既死父不忍稱其名臣既死君不忍稱其名以是知君之累之也累謂從也孔氏父字謚也孔父有死難之勳故其君以字爲謚○難乃旦反或曰其不稱名蓋爲祖諱也孔子故宋也孔子舊是宋人孔父之玄孫○爲于僞反○滕子來朝隱十一年稱侯今稱子蓋時王所黜○三月公會齊侯陳侯鄭伯于稷以成宋亂稷宋地也以者內爲志焉爾公爲志乎成是亂也欲會者外也欲受賂者公也此成矣取不成事之辭而加之焉於內之惡而君子無遺焉爾取不成事之辭謂以成宋亂也桓弑逆之人故極言其惡無所遺漏也江熙曰春秋親尊皆諱蓋患惡之不可掩豈當取不成事之辭以加君父之惡乎案宣四年公及齊侯平莒及郯傳曰平者成也然則成亦平也公與齊陳鄭欲平宋亂而取其賂鼎不能平亂故書成宋亂取郜大鼎納于大廟微旨見矣尋理推經傳似失之徐

邈曰宋雖已亂治之則治治亂成不繫此一人會若諸侯討之則有撥亂之功不討則受成亂之責辭豈虛加也哉春秋雖爲親尊者諱然亦不沒其實故納鼎于廟躋僖逆祀及王室之亂昭公之孫皆指事而書哀七年傳所謂有一國之道者有天下之道者也君失社稷猶書而不隱況今四國君羣會非一人之過以義致譏輕於自己非亂以此方彼無所多怪○郜音誥大廟音泰下文及注同見賢遍反躋子兮反

○夏四月取郜大鼎于宋戊申納于大廟傳例曰納者內不受也曰之明惡甚也太廟周公廟○郜古報反桓內弒其君外成人之亂受賂而退以事其祖非禮也其道以周公爲弗受也郜鼎者郜之所爲也曰宋取之宋也此鼎本郜國所作宋後得之以是爲討之鼎也討宋亂而更受其賂鼎○爲討之鼎如字麋氏云討或作糾孔子曰名從主人物從中國故曰郜大鼎也主人謂作鼎之主人也故繫之郜物從中國謂是大鼎

○秋七月紀侯來朝隱二年稱子今稱侯蓋時王所進○紀侯左氏作杞侯朝時此其月何也據隱十一年春滕侯薛侯來朝稱時桓內弒其君外成人之

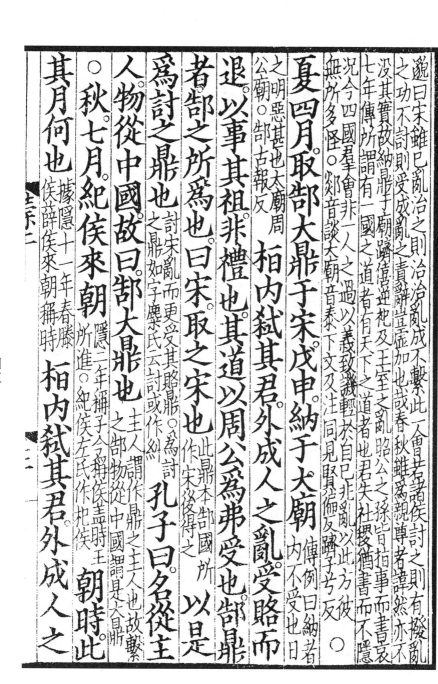

亂。於是爲齊侯、陳侯、鄭伯討數日以賂，桓既罪深責大，乃後爲三國討數至日以責宋賂。○爲齊，于僞反，下同。數，色主反，注同。復，扶又反。已即是事而朝之。惡之，故謹而月之也。已紀也。桓與諸侯校數功勞，以取宋賂，不知非之，爲非貪愚之甚。紀不擇其不肖而就朝之。○惡，烏路反。○蔡侯、鄭伯會于鄧。鄧，某地。○某地不知其國，故云某，後放此。○九月，入杞。我入之也。不稱主名，内之卑者。○公及戎盟于唐。○冬，公至自唐。告廟曰至。傳例曰致君者，殆其往而喜其反。此致君之意義也。離不言會，故以地致。桓無會，而其致何也？遠之也。桓會其衆而曰無會，蓋無致會也。弑逆之罪，非可以致宗廟，而今致者，危其遠會戎狄，喜其得反。

三年春，正月，公會齊侯于嬴。嬴，齊地。○嬴音盈。○夏，齊侯、衛侯胥命于蒲。蒲，衛地。胥之爲言猶相也。相命而信諭，謹言而退，以是爲近古也。申約言以相達，不歃血而誓盟。古謂五帝時。○近，附近之近。約如字，又於妙反。歃本又作啑，所洽反。是必一人先，其以相言之何也？不以齊

侯命衛侯也 江熙曰夫相與親比非一人之德是以同聲相應同氣相求齊胥衛胥盟雖有先倡倡和理均若以齊命衛則功歸于齊以衛命齊則齊僅隨從言其相命則泯然無際矣○比毗志反應應對之應僅巨靳反泯亡忍反 ○六月。公會杞侯于郕 郕魯地○郕音成 ○秋。七月。壬辰朔。日有食之既。言日言朔。食正朔也 朔日食也 既者盡也。有繼之辭也 盡而復生謂之既○復扶又反 ○公子翬如齊逆女 翬稱公子者桓不以為罪人也 逆女。親者也。使大夫非正也。九月。齊侯送姜氏于讙 已去齊國故不言女未至于魯故不稱夫人讙魯地月者重錄之○于讙音歡 禮。送女。父不下堂母不出祭門。諸母兄弟不出闕門 祭門廟門也闕兩觀也在祭門之外○觀古亂反 父戒之曰。謹慎從爾舅之言。母戒之曰。謹慎從爾姑之言。諸母般。申之曰。謹慎從爾父母之言。般囊也所以盛朝夕所須以備舅姑之用○般步干反一本作鞶鞶音同盛音成 送女踰竟。非禮也 ○踰

竟音境 公會齊侯于讙。無譏乎（齊侯送女踰竟遠至于讙媵會非禮之人當有譏）曰。爲禮也。齊侯來也。公之逆而會之可也（爲親逆之禮）夫人姜氏至自齊。其不言翬之以來何也（據宣元年遂以夫人婦姜至自齊）公親受之于齊侯也（重在公）子貢曰。冕而親迎。不已重乎（冕祭服。○迎魚敬反一本作逆）孔子曰。合二姓之好。以繼萬世之後。何謂已重乎（○好呼報反）○冬。齊侯使其弟年來聘。○有年（有年例時）五穀皆熟爲有年也

四年。春。正月。公狩于郎（春而言狩蓋用冬狩之禮卑蒐狩例時而此月者重公失禮也莊四年冬公及齊人狩于郜傳曰齊人者齊侯也其曰人何也卑公之敵所以卑公也然則言齊人者所以人公則譏已明矣狩得其時故不月）四時之田。皆爲宗廟之事也。春曰田（取獸於田。○爲于僞反）夏曰苗（因爲苗除害故曰苗）秋曰蒐（蒐擇之舍小取大。○蒐所由反糜氏本又作搜並音同舍音捨）冬曰狩（狩圍狩也冬物

畢成獲則取之無所擇四時之田用三焉唯其所先得一爲乾豆上殺中心死速乾之以爲豆實可以祭祀○中丁仲反下同二爲賓客次殺射髀骼死差遲○射食亦反髀步啓反又必爾反骼苦嫁反差初賣反三爲充君之庖下殺中腸汚泡死最遲先宗廟次賓客後庖厨尊神敬客之義○庖步交反汚汙穢之汚泡普交反又百交反○夏天王使宰渠伯糾來聘宰官也渠氏也天子下大夫老故稱字下無秋冬二時寧所未詳

五年春正月甲戌己丑陳侯鮑卒鮑卒何爲以二日卒之春秋之義信以傳信疑以傳疑明實録也○傳直專反陳侯以甲戌之日出己丑之日得不知死之日故舉二日以包也國君獨出必辟病潛行○必辟音避本又作避○夏齊侯鄭伯如紀外相如不書書過我則書例時○過我古禾反下文及注同○天王使任叔之子來聘任叔天子之大夫○任叔音壬左氏作仍叔任叔之子者録父以使子也故譏

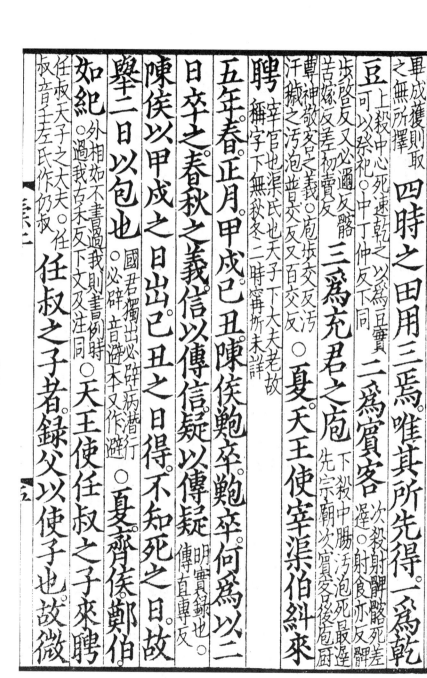

其君臣而著其父子。不正父在子代仕之辭也。錄父使子，謂不氏名其人稱父言子也。君闇劣於上，臣苟進於下，盖參譏之。○葬陳桓公。○城祝丘。譏公不脩德政，恃城以安民。○秋，蔡人、衛人、陳人從王伐鄭。王親自伐鄭。○從，才用反，又如字，下同。舉從者之辭也。使若王命諸侯伐鄭，書從王命者三國也。其舉從者之辭何也。為天王諱伐鄭也。諱自伐鄭。○為，于偽反。鄭，同姓之國也。在乎冀州。於是不服。為天子病矣。鄭姬姓之國，冀州則近京師，親近猶不能服，則疏遠者可知。○冀州，案鄭本京兆鄭縣，是雍州之域，後徙河南新鄭，為豫州之境，冀在兩河之間，非鄭都也。冀州言去京師近也。麋氏云：韓侯滅鄭，韓本都冀州，故以目鄭。近，附近之近。○大雩。雩者，旱祭請雨之名。傳例曰：雩得雨曰雩，不得雨曰旱。月雩正也，時雩不正也。禮月令曰：仲冬行夏令，則其國乃旱。○雩音于，祭名。○螽。蚣蝑之屬。禮月令曰：仲冬行春令，則蟲蝗為敗。○螽音終。蚣，相容反。蝑音壻。蝗，華孟反。螽，蟲災也。甚則月，不甚則時。○冬，州公如曹。外相如不書，此其書何也。過我也。過我六年。

寔來是也將有其末故先錄其本

六年春正月寔來 來朝例時月者謹其無禮○寔是常式反朝直遥反下七年同 寔來者是來也何謂是來謂州公也其謂之是來何也以其畫我故簡言之也諸侯不以過相朝也 畫是相過去朝遠○畫音獲注同以過古禾反注同 ○夏四月公會紀侯于郕 ○紀侯左氏作杞侯 ○秋八月壬午大閱 蒐閱例時○閱音悅 大閱者何閱兵車也 閱爲簡練 脩教明諭國道也 脩先王之教以明達於民治國之道 平而脩戎事非正也 邵曰禮因四時田獵以習用戎事存不忘亡安不忘危之道平謂不因田獵無事而脩之 其日以爲崇武故謹而日之蓋以觀婦人也 ○觀古亂反視也 ○蔡人殺陳佗陳佗者陳君也其曰陳佗何也匹夫行故匹夫稱之也其匹夫行奈何陳侯憙獵淫獵于蔡與

蔡人爭禽蔡人不知其是陳君也而殺之淫獵謂自放恣遺失徒衆○陳佗徒河反行下孟反憙虛記反何以知其是陳君也兩下相殺不道兩大夫相殺不書春秋其不地於蔡也○九月丁卯子同生子同桓公嫡子莊公○嫡丁歷反或作適疑故志之莊公母文姜淫于齊襄疑非公之子時曰同乎人也時人僉曰齊侯之子同於他人○僉七廉反○冬紀侯來朝

七年春二月己亥焚咸丘日之謹其惡○惡烏各反其不言邾咸丘何也據襄元年圍宋彭城言宋疾其以火攻也不繫於國者欲使焚邑之罪與焚國同○夏穀伯綏來朝○鄧侯吾離來朝其名何也據隱十一年滕薛來朝不名失國也禮諸侯不生名失地則名失國則其以朝言之何也據文十二年郕伯來奔不言朝嘗以諸侯與之接矣雖失國弗損吾異日也待之以初也下無秋冬二時甯所未詳

八年。春。正月。己卯。烝春祭曰祠薦尚韭卵夏祭曰禴薦尚麥魚秋祭曰嘗薦尚黍肫冬祭曰烝薦尚稻鴈無牲而祭曰薦薦而加牲曰祭禮各異也失禮祭祀例日得礼者時定八年冬從祀先公是也僖八年秋七月禘于大廟用者譏用致夫人耳禘無違禮○烝之承反曰禴餘若反又作礿黍肫本又作豚徒門反大廟音泰下同烝。冬事也。春興之。志不時也○天王使家父來聘家夫天子大夫家氏父字○夏五月。丁丑。烝。烝。冬事也。春夏興之。黷祀也。志不敬也○黷徒木反○秋。伐邾。○冬。十月。雨雪禮月令曰孟冬行秋令則霜雪不時○雨于付反○祭公來。遂逆王后于紀祭公寰內諸侯為天子三公者親逆例時不親逆例月故春秋左氏說曰王者至尊無敵無親逆之禮祭公逆王后未到京師而稱后知天子不行而禮成也鄭君釋之曰大姒之家在郃之陽在渭之涘文王親迎于渭即天子親迎之明文矣天子雖尊其于后猶夫婦夫婦判合禮同一體所謂無敵豈施此哉禮記哀公問曰冕而親迎不已重乎孔子愀然作色而對曰合二姓之好以繼先聖之後以為天地宗廟社稷之主君何謂已重焉此言親迎繼先聖之後為天地宗廟社稷之主非天子則誰乎○祭公側界反寰音縣又音環親迎魚敬反注皆同大姒音似大姒文王妃也郃音洽本又作洽涘音仕愀在九反又親小反之好呼報反其不言使焉何也據四年天王使宰渠伯糾稱使不正其以宗廟之大事即謀於我故弗與使也時天子命祭公就魯共卜擇紀女可中后者便逆之不復反命○復扶又反遂繼事之辭也其曰遂逆王后故略之也以其遂逆無禮故不書逆女而曰王后略謂不以禮稱之或曰天子無外王命之則成矣四海之濵莫非王臣王命紀女爲后則巳成王后不如諸侯入國乃稱夫人或說是

九年春紀季姜歸于京師季姜桓王后書字者申父母之尊姜紀姓爲之中者歸之也中謂關與婚事○之中丁仲反又如字注同與音豫○夏四月○秋七月○冬曹伯使其世子射姑來朝朝不言使言使非正也使世子伉諸侯之禮而來朝曹伯失正矣諸侯相見曰朝以待人父之道待人之子以內爲失正矣內失正曹伯失正世子可以已矣則是放命

也父有爭子則身不陷於不義射姑發曹伯之命可。○射音亦麋氏本即作亦朝直遥反伉苦浪反本又作亢爭諫爭之爭尸子曰。夫已多乎道邵曰已止也止曹伯使朝之命則曹伯不陷非禮之愆世子無苟從之咎魯無失正之譏三者正則合道多矣○愆去虔反

十年。春。王正月。庚申。曹伯終生卒。桓無王。其曰王何也。正終生之卒也徐乾曰與夷見弒恐正卒不明故復明之。○復扶富反○夏。五月。葬曹桓公。○秋。公會衛侯于桃丘。弗遇桃丘衛地桓弒逆之人出則有危故會皆月之衛侯不來無危故時弗遇者。志不相得也。弗內辭也倡會者衛魯至桃丘而衛不來故書弗遇以殺恥○冬。十有二月。丙午。齊侯。衛侯。鄭伯。來戰于郎結日列陳則日傳例曰不日疑戰也○陳直覲反來戰者。前定之戰也先已結期戰○先蘇薦反內不言戰。言戰則敗也兩敵故言戰春秋不以外敵內書戰則敗不言其人。以吾敗也。不言及者。為內諱也

○爲于僞反

十有一年。春。正月。齊人。衛人。鄭人。盟于惡曹。惡曹地闕

○夏。五月。癸未。鄭伯寤生卒。○寤吾故反 ○秋。七月。葬鄭莊公。莊公殺段失德不葬而書葬者段不弟於王法當討故不以殺親親貶之○弟下並音悌又如字 ○九月。宋人執鄭祭仲。祭氏仲名執大夫有罪者例時無罪者月此月者爲下盟○祭側界反 宋人者宋公也。其曰人何也。貶之也。惡其執人權臣廢嫡立庶○惡烏路反嫡丁歷反 ○突歸于鄭。突鄭厲公昭公之弟莊公之子 曰突。賤之也。曰歸。易辭也。傳例曰歸爲善自某歸次之此傳曰歸易辭也然則歸有二義不皆善矣突篡兄之位制命權臣則歸無善○易以豉反下文及注同篡初患反 祭仲易其事。權在祭仲也。死君難。臣道也。今立惡而黜正。惡祭仲也。易辭言廢立在己○難乃旦反惡祭烏路反 ○鄭忽出奔衛。忽鄭昭公 鄭忽者。世子忽也。其名。失國也。其名謂去世子而但

稱忽○去起呂反○柔會宋公陳侯蔡叔盟于折蔡叔蔡大夫名未命故不氏折其地○折之設反又時設反柔者何吾大夫之未命者也○公會宋公于夫鍾夫鍾郕地○夫音扶麋氏本鍾作童音鍾○冬十有二月公會宋公于闞闞魯地○闞口暫反

十有二年春正月○夏六月壬寅公會紀侯莒子盟于曲池曲池魯地○秋七月丁亥公會宋公○燕人盟于穀丘穀丘宋地○燕音煙國名○八月壬辰陳侯躍卒陳厲公也○躍餘若反○公會宋公于虛虛宋地○虛如字又去魚反○冬十有一月公會宋公于龜龜宋地○丙戌公會鄭伯盟于武父武父鄭地○父音甫○丙戌衛侯晉卒再稱日決日義也明二事皆當日也晉不正非日卒者也不正前見矣隱四年衛人立晉是也與齊小白義同○見賢徧反○十有二月及鄭師伐

宋。丁未。戰于宋。非與所與伐戰也。非責不言與鄭戰。恥不和也。於伐與戰敗也。內諱敗。舉其可道者也。於伐宋而與鄭戰內敗也戰輕於敗戰可道而敗不可道

十有三年。春。二月。公會紀侯。鄭伯。己巳。及齊侯。宋公。衛侯。燕人。戰。齊師。宋師。衛師。燕師。敗績。徐邈曰信九年傳曰禮柩在堂上孤無外事今衛宣未葬而嗣子稱侯以出其失禮明矣宋陳稱子而衛稱侯隨其所以自稱者而書之得失自見矣。○柩其救反見賢遍反其言及者。由內及之也。其曰戰者。由外言之也。內不言戰言戰則敗今會與紀鄭侗討以有紀鄭故可得言戰戰稱人。敗稱師。重衆也。其不地。於紀也。春秋戰無不地即於紀戰無為不地也鄭君曰紀當為己謂在魯也字之誤耳時在龍門城下之戰迫近故不地○三月。葬衛宣公。○夏。大水。○秋。七月。○

冬。十月。

十有四年。春。正月。公會鄭伯于曹。○無冰。皆君不明去就政治紓緩之所置五行傳曰視之不明是謂不哲厥咎舒厥罰常燠○哲陟列反一本作哲之列反燠於六反煖也下文同無冰。時燠也。○夏五。○夏五本或有月者非鄭伯使其弟禦來盟。諸侯之尊。弟兄不得以屬通。其弟云者。以其來我舉其貴者也。來盟。前定也。不日。前定之盟不日。言信在前非結於今○禦魚呂反本亦作御左氏作語孔子曰。聽遠音者。聞其疾而不聞其舒。疾謂激揚之聲舒謂徐緩望遠者。察其貌而不察其形。貌姿躰形容色立乎定哀。以指隱桓。隱桓之日遠矣。夏五。傳疑也。孔子在於定哀之世而錄隱桓之事故承闕文之疑不書月明皆實録○傳直專反○秋。八月。壬申。御廩災。御廩藏公所親耕以奉粢盛之倉也內災例日○廩力甚反乙亥。嘗。御廩之災不志。以其微此其志何也。以為唯未易災之餘而嘗可

也。志不敬也 鄭嗣曰唯以未易災之餘而嘗然後可志也用火焚之餘以祭宗廟非人子所以盡其心力不敬之大也
○盡津忍反 天子親耕。以共粢盛 天子親耕其禮三推黍稷曰粢在器曰盛○共音恭一本作恭
粢音咨推昌誰反一音他回反 王后親蠶。以共祭服 王后親蠶齊戒躬桑夫人三繅遂班三宮朱綠玄黃
以爲黼黻文章服既成君服以祀之○齊側皆反本亦作齋繅先刀反黼音甫亦作黼黻音弗俗作黻 國非無良農
工女也。以爲人之所盡事其祖禰。不若以己所自
親者也 凱曰夫治人之道莫急於禮禮有五經莫重於祭祭者非物自外至者也由中出者身致其誠信然後可以交於神
明祭之道也○禰乃禮反 何用見其未易災之餘而嘗也。曰甸
粟而內之三宮。三宮米而藏之御廩 甸甸師掌田之官也三宮三夫
人也宗廟之禮君親割夫人親舂○親舂傷容反 夫嘗。必有兼甸之事焉 夫人親舂是兼
甸之事○兼甸如字一本作旬十日爲旬注亦然 壬申。御廩災。乙亥。嘗。以爲未易
災之餘而嘗也 鄭嗣曰壬申乙亥相去四日言用日至少而功多明未足及易而嘗○冬。十有

二月。丁巳。齊侯禄父卒。○宋人以齊人、蔡人、衛人陳人伐鄭。以者不以者也。民者君之本也。使人以其死非正也（不以者謂本非所得制今得以之也刺四國使宋專用其師輕民命也○刺七賜反）

十有五年。春。二月。天王使家父來求車。古者諸侯時獻于天子。以其國之所有。故有辭讓而無徵求。求車非禮也。求金甚矣（文九年毛伯來求金）○三月。乙未。天王崩（桓王）○夏四月。己巳。葬齊僖公。○五月。鄭伯突出奔蔡。譏奪正也（禮諸侯不生名今名突以譏之）○鄭世子忽復歸于鄭。反正也。○許叔入于許（傳例曰大夫出奔反以好曰歸以惡曰入）許叔。許之貴者也。莫宜乎許叔。其曰入何也。其歸之道非所以歸也（泰曰許國之貴莫過許叔叔之宜立又無與二而進無王命退非父授故不書曰歸同之惡入）○公會齊侯于蒿。蒿左氏作艾公羊作鄗 ○ 邾人。牟人。葛人。來朝。何休曰桓公行惡而三人俱朝事之三人爲衆衆足責故夷狄之 ○ 行下孟反又如字 ○ 秋。九月。鄭伯突入于櫟。櫟鄭邑也突不正書入明不當受 ○ 櫟力狄反 ○ 冬。十有一月。公會宋公。衛侯。陳侯。于袲伐鄭。袲宋地 ○ 袲昌氏反 地而後伐。疑辭也。非其疑也。鄭突欲簒國伐而正之義也不應疑故責之

十有六年。春。正月。公會宋公。蔡侯。衛侯。于曹。○ 夏。四月。公會宋公。衛侯。陳侯。蔡侯。伐鄭。蔡常在衛上今序陳下蓋後至 ○ 秋。七月。公至自伐鄭。桓無會。其致何也。危之也。桓公再助簒伐正危殆之甚喜得全歸故致之 ○ 冬。城向。○ 向舒亮反 ○ 十有一月。衛侯朔出奔齊。朔惠公名 朔之名。惡也。天子召而不往也。

十有七年。春。正月。丙辰。公會齊侯、紀侯，盟于黃。黃齊地

○二月。丙午。公及邾儀父盟于趡。趡魯地○趡翠軌反

○夏。五月。丙午。及齊師戰于郎。內諱敗，舉其可道者也。敗恥大戰恥小○戰于郎左氏作于奚不言其人，以吾敗也。言人則微者敗於微者其恥又甚故言師不言及之者，爲內諱也。及當有人公親帥之恥大不可言○爲于僞反

○六月。丁丑。蔡侯封人卒。

○秋。八月。蔡季自陳歸于蔡。蔡季，蔡之貴者也。自陳，陳有奉焉爾。陳以力助

○癸巳。葬蔡桓侯。徐邈曰葬者臣子之事故書葬皆以公配謚此稱侯蓋蔡臣子失禮故即其所稱以示過

○及宋人、衛人伐邾。

○冬。十月。朔。日有食之。言朔不言日。食既朔也。既盡也盡朔一日至明日乃食是月二日食也

十有八年。春。王正月。公會齊侯于濼。此年書王以王法終治桓之事○濼

力沃反又音洛舊音匹沃反公與夫人姜氏遂如齊公本與夫人俱行至濼公與齊侯行會禮故先書會濼既會而相隨至齊故曰遂遂繼事之辭他皆放此濼之會不言及夫人何也據夫人實在當言公及夫人姜氏會齊侯于濼以夫人之伉弗稱數也濼之會夫人驕伉不可言及故舍而弗數今書遂如齊欲録其致變之由故不可以不書實驕伉而不制故不言及○伉本又作亢苦浪反數色户反舍音捨

○夏四月丙子公薨于齊夫人與齊謀殺之不書諱也魯公薨正與不正皆日所以別内外也○別内外彼列反其地於外也薨稱公舉上也公五等之上丁酉公之喪至自齊○秋七月○冬十有二月己丑葬我君桓公葬我君接上下也言我君舉國上下之辭君弒賊不討不書葬此其言葬何也據隱公不書葬不責踰國而討于是也禮君父之讎不與共戴天而曰不責踰國而討于是者時齊強大非己所討君子即而恕之以申臣子之恩桓公葬而後舉謚謚所以成德也於卒事乎加之

矣謚者行之迹所以表德人之終卒事畢於葬故於葬定稱號也昔武王崩周公制謚法大行受大名小行受小名所以勸善而懲惡禮天子崩稱天命以謚之諸侯薨天子謚之卿大夫卒受謚於其君○行之下孟反下同稱尺證反知者慮義者行仁者守有此三者備然後可以會矣桓無此三者而出會大國所以見殺○知音智守如字又音狩

春秋穀梁卷第二

經傳叁阡零伍拾叁字

注叁阡柒伯捌拾肆字

音義壹阡零貳拾肆字

余仁仲刊于家塾

# 春秋穀梁傳莊公第三 ○名同，莊王四年即位

范甯集解

元年，春，王正月。繼弒君不言即位，正也。繼弒君不言即位之爲正何也？據君不絶。曰：先君不以其道終，則子不忍即位也。○三月，夫人孫于齊。桓公夫人文姜也。哀姜有殺子之罪輕，故僖元年曰「夫人氏之喪至自齊」，去姜以貶之。文姜有殺夫之罪重，故去姜氏以貶之。此輕重之差。○孫音遜，本亦作遜。去，起呂反，下「去姜」同。孫之爲言猶孫也，孫孫，遁而去。○遁，徒困反。諱奔也。接練時，録母之變，始人之也。夫人初與桓俱如齊，今又書者，於練時感夫人不與祭，故始以人道録之。○與祭，音豫。不言氏姓，貶之也。人之於天也，以道受命；於人也，以言受命。臣子則受君父之命，婦受夫之命。不若於道者，天絶之也；若，順。不若於言者，人絶之也。臣子大受命。言義得貶夫人。○夏

單伯逆王姬單姓也伯字○單音善單姓伯字左氏以爲王卿士逆王姬左氏作送王姬單伯者何吾大夫之命乎天子者也命大夫故不名也諸侯歲貢士于天子天子親命之使還其國爲大夫者不名天子就其國命之者以名氏通也其不言如何也據僖二十九年公子遂如京師言如其義不可受於京師也其義不可受於京師何也曰躬君弒於齊使之主婚姻與齊爲禮其義固不可受也禮尊卑不敵天子嫁女于諸侯必使同姓諸侯主之魯桓親見殺于齊若天子命使爲主則非禮大矣春秋爲尊者諱故不可受之于京師○弒又作殺爲尊于僞反下爲之築同○秋築王姬之館于外築禮也于外非禮也外城外也築之爲禮何也主王姬者必自公門出公門朝之外門主王姬者當設几筵于宗廟以俟迎者故在公門之內築王姬之館○朝之直遥反下於朝同迎魚敬反下同於廟則已尊於寢則已卑爲之築節矣築之外變之正也築之外變之爲正何也仇

饑之人。非所以接婚姻也。衰麻。非所以接弁冕也。親迎服祭服者重婚姻也公時有桓之喪○衰七回反弁皮彥反其不言齊侯之來逆何也。不使齊侯得與吾爲禮也。○冬。十月。乙亥。陳侯林卒。諸侯日卒。正也。○王使榮叔來錫桓公命榮氏叔字天子之上大夫也禮有九錫一曰輿馬二曰衣服三曰樂則四曰朱户五曰納陛六曰虎賁七曰弓矢八曰鈇鉞九曰秬鬯皆所以褒德賞功也德有厚薄功有輕重故命有多少何休曰桓弒逆之人王法所宜誅絶而反錫命悖亂天道故不言天王也文五年王使榮叔歸含且賵則曰含者臣子之職也以至尊行卑事故不言天王也三月王使毛伯來會葬又曰刺比失禮故亦不言天王也甯案僖二十四年天王出居于鄭不可最大矣禮天子既有賵含之制傳但譏二事共一使耳言且所以示譏一事無再貶之道也以天王之尊會人妾祖母之葬誠失禮矣孰若使任叔之子來聘使家父來求車之不可乎此三者皆言天王明非義之所存舊史有詳略夫子因而弗革故知曲說雖巧致遠則滯矣○錫星歷反賁音奔鈇方胡反鉞音越秬音巨黑黍鬯勑亮反香酒也悖補對反含胡暗反賵芳鳳反刺七賜反一使所吏反任音壬滯乃計反一本作泥禮有受命。無來錫命。錫命。非正也。賞人於朝與士共之當召而錫也周禮大宗伯職曰王命諸侯則儐之是來受命○朝直遥反儐必刃反生服之死行之禮也。生不服死追錫之不正甚矣○王姬歸于齊為之中者歸之也○齊師遷紀郱鄑郚紀國也郱鄑郚國也此國以三言為名○郱步丁反鄑子移反郚音吾或曰遷紀于郱鄑郚十年宋人遷宿傳曰遷亡辭也其不地宿不復見矣齊師遷紀四年復書紀侯大去其國者紀侯賢不與齊師之亡紀故變文以見義郱鄑郚之君無紀侯之賢故不復見從常例也若齊師遷紀于郱鄑郚當言于以明之又不應復書地當如宋人遷宿齊人遷陽或曰之說蓋所未詳○復扶又反見賢徧反

二年春王二月葬陳莊公○夏公子慶父帥師伐於餘丘慶父名字仲父國而曰伐於餘丘邾之邑也其曰伐何也公子貴矣師重矣而敵人之邑公子病矣病公子所以譏乎公也其一曰君在而重之也邾君在此邑故

不繼于䣝使若國 ○秋七月齊王姬卒為之主者卒之也 主其

嫁則有兄弟之恩死則服之服之故書卒禮記曰齊告王姬之喪魯莊公為之大功○為之大功于偽反 ○冬十有二

月夫人姜氏會齊侯于禚 禚齊地○禚章略反 婦人既嫁不踰

竟踰竟非正也婦人不言會言會非正也饗甚矣

饗在四年○踰竟音境後踰竟之例皆同 ○乙酉宋公馮卒 ○馮皮冰反

三年春王正月溺會齊侯伐衞 徐邈曰傳例曰往月危往也齊受天子罪人為

之興師而魯與同其理危也○溺乃狄反 溺者何也公子溺也其不稱公子何

也 據二年公子慶父帥師伐於餘丘稱公子 惡其會仇讎而伐同姓故貶而

名之也 ○惡烏路反 ○夏四月葬宋莊公月葬故也 ○五

月葬桓王傳曰改葬也 若實改葬當言改以明之郊牛之口傷改卜牛是也傳當以七年乃

葬故謂之改葬 改葬之禮緦舉下緬也 緦者五服最下言舉下緬上從緦皆反其故服因葬桓

王記改葬之禮不謂改葬桓王當服緦也猶晦震夷伯之廟因明天子諸侯之制不謂夷伯非魯之大夫也甯再之先君與蔡司徒論之詳矣江熙曰葬稱公舉五等之上改葬禮緦舉五服之下以喪緬藐遠也天子諸侯易服而葬以爲交於神明者不可以純凶況其緬者乎是故改葬之禮其服唯輕言緬釋所以緦也○緦息詞反緬亡善反遠也或曰。郤尸以求諸侯。停尸七年以求諸侯會葬非人情也○郤尸去略反又去逆反杜預云尸未葬之通稱天子志崩不志葬。必其時也。何必焉。舉天下而葬一人。其義不疑也。志葬。故也。危不得葬也。曰。近不失崩。不志崩。失天下也。京師去魯不遠赴告之命可不踰旬而至史不志崩則亂可知獨陰不生。獨陽不生。獨天不生。三合然後生。徐邈曰古人稱萬物負陰而抱陽冲氣以爲和然則傳所謂天蓋名其冲和之功而神理所由也會二氣之和極發揮之美者不可以柔剛滯其用不得以陰陽分其名故歸於冥極而謂之天凡生類稟靈知於天資形於二氣故又曰獨天不生必三合而形神生理具矣○揮許歸反冥亡丁反稟彼錦反知音智故曰。母之子也可。天之子也可。尊者取尊稱焉。卑者取卑稱焉。王者尊故稱天子衆人卑故稱母子○母之子也可絕句下倣此尊稱尺證及下卑稱司其曰王者民之所歸往也○秋紀季以酅入于齊季紀侯弟○酅以酅下圭反酅紀之邑也入于齊者以酅事齊也入者內弗受也雍曰紀國微弱齊將吞并紀季深覩存亡之幾大懼社稷之傾故超然遐舉以酅事齊庶循嗣不泯宗廟永存春秋賢之故褒之以字齊受人之邑而滅人之國故於義不可受也○并必性反泯彌忍反○冬公次于郎次止也有畏也欲救紀而不能也畏齊

四年春王二月夫人姜氏饗齊侯于祝丘饗食也兩君相見之禮凡會書月著時事有危雖於公發例亦無所不關祝丘魯地○饗食本又作享香丈反著張畧反又張慮反饗甚矣以非禮尤甚故譏而月之饗齊侯所以病齊侯也○三月紀伯姬卒隱二年履緰所逆者內女卒例日伯姬失國略之故月也○緰音須外夫人不卒此其言卒何也吾女也適諸侯則尊同以吾為之變卒之也

禮諸侯絶傍朞姑姊妹女子子嫁於國君者尊與己同則爲之服大功九月變不服之例然則適大夫者不書卒○爲于僞反朞居其反

夏齊侯陳侯鄭伯遇于垂傳例曰不期而會曰遇遇者志相得也○紀侯大去其國大去者不遺一人之辭也言民之從者四年而後畢也紀侯賢而齊侯滅之不言滅而曰大去其國者不使小人加乎君子不曰滅而曰大去其國蓋抑無道之強以優有道之弱若進止在己非齊所得滅也何休曰春秋楚世子商臣弑其君其後滅江六不言大去又大去者於齊滅之不明但知不使小人加乎君子而不言滅縱失襄公之惡反爲大去也鄭君釋之曰商臣弑其父大惡也不得但爲小人江六之君又無紀侯得民之賢不得變滅言大去也元年冬齊師遷紀三年紀季以酅入于齊今紀侯大去其國是足起齊滅之矣即以變滅言大去爲縱失襄公之惡是乃經也非傳也且春秋因事見義舍此以滅人爲罪者自多矣○縱子用反見賢徧反舍音捨○六月乙丑齊侯葬紀伯姬外夫人不書葬此其書葬何也吾女也失國故隱而葬之隱痛也不曰卒而曰葬閔紀之亡也○秋七月○冬公及

齊人狩于郜郜齊地○狩音獸郜古報反左氏作禚齊人者齊侯也其曰人何也卑公之敵所以卑公也內無貶公之道何爲卑公也不復讎而怨不釋刺釋怨也○怨紆元反又紆願反後同刺七賜反

五年春王正月○夏夫人姜氏如齊師師而曰如衆也言師衆大如國故可以言如若言如齊侯則不可婦人既嫁不踰竟踰竟非禮也○秋郳黎來來朝黎來名也○郳五兮反國名黎郎兮反黎來郳君名朝直遥反郳國也黎來微國之君未爵命者也○冬公會齊人宋人陳人蔡人伐衛納惠公朔是齊侯宋公也其曰人何也人諸侯所以人公也其人公何也逆天王之命也王不欲立朔也

六年春王三月王人子突救衛徐邈曰諸侯不奉王命朔遂得篡公王威屈辱有危故

月也救衛於義善故重子突功不立故著其危王人。卑者也。稱名。貴之也何休以爲
稱子則非名也鄭君釋之曰王人賤者錄則名可今以其銜命救衛故貴之貴之則子突爲字可知明矣此名當爲字誤爾徐乾曰王人者卑
者之稱也當直稱王人而已今以其能奉天子之命救衛而拒諸侯故加名以貴之僖八年公會王人齊侯是卑者之常稱○卑者之稱尺證
反下常稱同善救衛也。救者善。則伐者不正矣○夏。六
月衛侯朔入于衛。其不言伐衛納朔何也據九年伐齊納糾言
納不逆天王之命也不與諸侯得納王之所絕入者。內弗受也。何
用弗受也。爲以王命絕之也。朔之名。惡也。朔入逆
則出順矣。朔出入名。以王命絕之也○秋。公至自
伐衛。惡事不致。此其致何也據襄九年時有穆姜之喪會諸侯伐鄭不致不
致則無用見公之惡事之成也○見賢徧反○螟○螟亡丁反○
冬。齊人來歸衛寶。以齊首之。分惡於齊也。使之如

下齊而來我然惡戰則殺矣若衛自歸寶於齊過齊然後與我齊首其事則我與王人戰罪差減○分惡烏各反下同殺色界反舊色例反過古禾反差初賣反

七年春夫人姜氏會齊侯于防防魯地婦人不會會非正也○夏四月辛卯昔恒星不見恒星者經星也經常也謂常列宿○昔如字或作晉同不見賢徧反下不音者同列宿夙又反下皆同日入至於星出謂之昔不見者可以見也夜中星隕如雨如而也星既隕而後雨○隕云敏反復扶又反其隕也如雨是夜中與星既隕而雨必晦瞑安知夜中乎○與音餘瞑亡定反春秋著以傳著疑以傳疑明實録也○傳直專反中之幾也而曰夜中著焉爾幾微也星既隕而雨中微難知而曰夜中自以實著爾非億度而知○度徒各反何用見其中也失變而録其時則夜中矣失星變之始而録其已隕之時檢録漏刻以知夜中其不曰恒星之隕何也我知恒星之不見

而不知其隕也。我見其隕而接於地者，則是雨說
也。言我見從上來接於下，然後可言雨星。今唯見在下，故曰隕星。○我見見音如字，注同。雨于付反，注同。著於上見
於下謂之雨，著於下不見於上謂之隕，豈雨說哉
解經不得言雨星而言隕星也。鄭君曰：衆星列宿，諸侯之象。不見者，是諸侯棄天子禮義法度也。劉向曰：隕者，象諸侯隕隊失其所也。又中夜而隕者，象不終其性命，中道而落。○見于下如字，或賢徧反。不見賢徧反。隊直類反。○秋，大水。高下有水
災曰大水。○無麥苗。麥苗同時也。麥與黍稷之苗同時死。○冬，
夫人姜氏會齊侯于穀。穀，齊地。婦人不會，會非正也。
八年，春，王正月，師次于郎，以俟陳人、蔡人。時陳蔡欲伐魯，故出師以待之。
次，止也。俟，待也。甲午，治兵。出曰治兵，習戰
也。入曰振旅，習戰也。振，整也。旅，衆也。治兵而陳，蔡不至矣。
兵事以嚴終。以嚴整終事，故敵人不至。故曰善陳者不戰，此之謂

也。善爲國者不師〔導之以德，齊之以禮。江熙曰：鄰國望我，歎若親戚，何師之爲。○陳，直覲反，下文皆同。導，徒報反，下同。〕善師者不陳〔師衆素嚴，不須耀軍列陳。江熙曰：上兵伐謀，何乃至陳。〕善陳者不戰〔軍陳嚴整，敵望而畏之，莫敢戰。〕善戰者不死〔投兵勝地，故無死者。江熙曰：辟實攻虛，則不死。〕善死者不亡〔民盡其命，無奔背散亡者也。江熙曰：見危授命，義存君親，雖沒猶存。○盡，津忍反。背，音佩。〕○夏，師及齊師圍郕。郕降于齊師。其曰降于齊師何？不使齊師加威於郕也。〔郕同姓之國，而與齊伐之，是用師之過也。故使若齊無武功，而郕自降。○降，戶江反，皆同。〕○秋，師還。還者，事未畢也，遯也。〔郕已降而以未畢爲文者，蓋辟滅同姓之國，亦不卒其事。○還音旋。遯，徒困反。〕○冬，十有一月，癸未，齊無知弑其君諸兒。大夫弑其君，以國氏者，嫌也，弑而代之也。〔○兒，如字，一音五兮反。〕

九年，春，齊人殺無知。無知之挈，失嫌也。稱人以殺

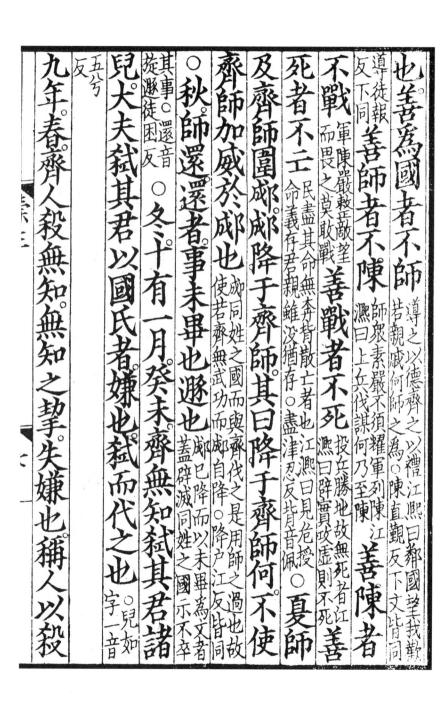

大夫殺有罪也。○摯，苦結反。○公及齊大夫盟于暨。暨，魯地。○暨，其器反，左氏作餼。公不及大夫。大夫春秋之義，內大夫可以會諸侯，公不可以盟外大夫，所以明尊卑，定內外也。今齊国無君，要當有任其盟者，故不得不以權通。大夫不名，無君也。禮，君前臣名。齊無君，故大夫不名。盟納子糾也。不日，其盟渝也。變盟立小白。○渝，羊朱反。當齊無君，制在公矣。當可納而不納，故惡內也。○惡，烏路反，下及注惡內皆同。○夏，公伐齊納糾。不言子糾而直云糾者，明盟繫在於魯，故摯之也。春秋於內公子為大夫者，乃記其奔，子糾不為大夫，故不書其奔。鄭忽既受命嗣位，是以書其出，然則重非嫡嗣，官非大夫，皆事例所略，故許叔、蔡季、小白、重耳通亦不書出。○糾，居黝反，左氏作子糾。嫡，丁歷反。重，直龍反。當可納而不納，齊變而後伐，故乾時之戰不諱敗，惡內也。何休曰：三年溺會齊師伐衛，故貶而名之；四年公及齊人狩于郜，故卑之曰人；今親納讎子，反惡其晚，恩義相違，莫此之甚。鄭君釋之曰：於讎不復則怨不釋，而魯釋怨屢會仇讎，一貶其臣，一卑其君，亦足以責魯臣子，其餘則同不復讎也。至於伐齊納糾，譏當可納而不納爾，此自正義，不相反也。甯謂讎者無時而可與通，縱納之遲晚，又不能全保讎子，何足以惡內乎？然則乾時之戰不諱敗齊人取子糾殺之皆不迂其文正書其事內之大惡不待貶絕居然顯矣二十四年公如齊親迎亦其類也惡內之言傳或失之○敗惡烏各反注同復扶又反迂音于一音紆又於武反迎魚敬反○齊小白入于齊大夫出奔反以好曰歸成十四年衛孫林父自晉歸于衛是也以惡曰入齊公孫無知弒襄公公子糾公子小白不能存出亡子糾奔魯小白奔莒齊人殺無知而迎公子糾於魯公子小白不讓公子糾先入又殺之于魯故曰齊小白入于齊惡之也○惡烏路反○秋七月丁酉葬齊襄公諸公子爭立國亂故危之○八月庚申及齊師戰于乾時我師敗績不言及者主名內之卑者乾時齊地○九月齊人取子糾殺之言子糾者明其貴宜爲君外不言取言取病內也取易辭也猶曰取其子糾而殺之云爾猶言自齊之子糾今取而殺之言魯不能救護也○易以豉反十室之邑可以逃難百室

之邑。可以隱死。以千乘之魯。而不能存子糾。以公爲病矣。難乃旦反下注同乘繩證反○冬。浚洙。浚洙者。深洙也。著力不足也。畏齊難○浚音峻深也洙音殊杜預云水名

十年。春。王正月。公敗齊師于長勺。長勺魯地勺時酌反○不日。疑戰也。疑戰者言不剋日而戰以詐相襲疑戰而曰敗。勝內也。勝內謂勝在內

○二月。公侵宋。侵時。此其月何也。乃深其怨於齊。又退侵宋。以衆其敵。惡之。故謹而月之。○惡烏路反○

三月。宋人遷宿。遷。亡辭也。爲人所遷則無復國家故曰亡辭閔二年齊人遷陽亦是也○復扶富反下文及注同其不地。宿不復見也。國亡不復見經不言滅者言滅則弒其君滅其宗廟社稷就而有之不遷其民○見賢徧反遷者。猶未失其國家以往者也。謂自遷者僖元年邢遷于夷儀成十五年許遷于葉之類是也彼二傳曰遷者猶得其國家以往者也此傳云遷者猶未失其國家以往互文也○葉舒涉反

○夏六月齊師宋師次于郎次止也畏我也○公敗宋師于乘丘乘丘魯地○乘繩證反不日疑戰也疑戰而曰敗勝内也○秋九月荆敗蔡師于莘莘蔡地○莘所巾反以蔡侯獻舞歸荆者楚也何爲謂之荆狄之也何爲狄之聖人立必後至天子弱必先叛故曰荆狄之也蔡侯何以名也據僖十五年秦獲晉侯不名○獻武本亦依左氏作舞絶之也何爲絶之獲也中國不言敗據宣十二年晉荀林父帥師及楚子戰于邲晉師敗績不言敗晉師○邲皮必反又扶必反一音弼敗績如字此其言敗何也中國不言敗蔡侯其見獲乎其言敗何也釋蔡侯之獲也以歸猶愈乎執也爲中國諱見執故言以歸○爲于僞反○冬十月齊師滅譚譚子奔莒桓十一年鄭忽出奔衛傳曰其名失國也十六年衛侯朔出奔齊傳曰朔之名惡也然則出奔書名有二義譚子國滅不名蓋無罪

也凡書奔者責不死社稷不言出者國滅無所出也他皆放此

十有一年。春。王正月。○夏。五月。戊寅。公敗宋師于鄑。鄑魯地○敗必邁反下及注同鄑子移反內事不言戰。舉其大者。其日。成敗之也。結日列陳不以詐相襲得敗師之道故曰成也○列陳直覲反宋萬之獲也。○秋。宋大水。外災不書。此何以書。王者之後也。高下有水災曰大水。○冬。王姬歸于齊。其志。過我也。○過古禾反

十有二年。春。王三月。紀叔姬歸于酅。酅紀邑也紀季所用入于齊者紀國既滅故歸酅國而曰歸。此邑也。其曰歸何也。吾女也。失國。喜得其所。故言歸焉爾。江熙曰四年齊滅紀不言滅而言大去者義有所見爾則國滅也叔姬來歸不書非歸寧且非大歸也叔姬守節積有年矣紀季雖以酅入于齊不敢懷貳然襄公豺狼未可闇信桓公既立德行方宣

於天下是以叔姬歸于酅魯喜其女得申其志○見賢徧反犲仕皆反行下孟反 ○夏，四月。○秋，八月。甲午，宋萬弒其君捷。捷宋閔公 宋萬，宋之卑者也。卑者以國氏。及其大夫仇牧，以尊及卑也。仇牧，閑也。仇牧扞衛其君故見殺也桓二年傳曰臣既死君不忍稱其名今仇牧書名則知宋君先弒○仇牧音目捍曷旦反 ○冬，十月。宋萬出奔陳。宋父不討賊致令得奔故譏而月之○令力呈反

十有三年，春，齊人、宋人、陳人、蔡人、邾人會于北杏。北杏齊地 是齊侯、宋公也。其曰人，何也？始疑之。何疑焉？桓非受命之伯也，將以事授之者也。言諸侯將權時推齊侯使行伯事 曰：可矣乎？未乎？邵曰疑齊桓雖非受命之伯諸侯推之便可以爲伯乎未也 舉人，衆之辭也。稱人言非王命衆授之以事 ○夏，六月，齊人滅遂。遂，國也。其不日，微國也。○秋，七月。○冬，公會齊侯盟于柯。柯齊地○柯古

何反曹劌之盟也信齊侯也曹劌之盟經傳無文蓋有信者也公羊傳曰要盟可犯而桓公不欺曹子可讎而桓公不怨桓公之信著於天下自柯之盟始○劌居衛反要盟於遥反桓盟雖内與不日信也公盟例日外諸侯盟例不日桓大信遠著故雖公與盟猶不日○與音預注同

十有四年春齊人陳人曹人伐宋○夏單伯會伐宋會事之成也伐事已成單伯乃至○單音善○秋七月荆入蔡荆者楚也其曰荆何也州舉之也州不如國言荆不如言楚國不如名言楚不如言介葛盧○介音界名不如字言介葛盧不如言邾儀父○冬單伯會齊侯宋公衛侯鄭伯于鄄鄄衛地鄄音絹○復同會也諸侯欲推桓以爲伯故復同會于此以謀之○復扶又反

十有五年春齊侯宋公陳侯衛侯鄭伯會于鄄復同會也爲欲推桓爲伯故復會於此○復扶又反爲欲于僞反○夏夫人姜氏如齊

婦人既嫁不踰竟踰竟非禮也○秋宋人齊人邾人伐郳宋主兵故序齊上也班序上下以國大小爲次夷狄在下征伐則以主兵爲先春秋之常也他皆放此○鄭人侵宋○冬十月

十有六年春王正月○夏宋人齊人衛人伐鄭○秋荊伐鄭○冬十有二月會齊侯宋公陳侯衛侯鄭伯許男曹伯滑伯滕子同盟于幽幽宋地滑于八反○同者有同也同尊周也不言公外內寮一疑之也十三年春會于北杏諸侯俱疑齊桓非受命之伯欲共以事推之可乎今于此年諸侯同共推桓而魯與齊雖外內同一疑公可事齊不會不書公以著疑焉同官爲寮謂諸侯也至二十七年同盟于幽遂伯齊侯○寮一力彫反○邾子克卒其曰子進之也附齊而尊周室王命進其爵

十有七年春齊人執鄭詹人者衆辭也以人執與

之辭也與令得執○詹者廉反令力呈反鄭詹。鄭之卑者。卑者不志。此
其志何也。以其逃來。志之也。逃來則何志焉。將有
其末。不得不録其本也末謂逃來鄭詹。鄭之佞人也○佞乃定反
○夏，齊人殲于遂。殲者盡也。然則何爲不言遂人
盡齊人也。無遂之辭也。無遂則何爲言遂。其猶存
遂也以其能殺齊戍故若遂之存○殲子廉反盡也遂人盡齊人絶句存遂奈何。曰齊人
滅遂，使人戍之。遂之因氏飲戍者酒而殺之，齊人
殲焉。此謂狎敵也狎猶輕也○飲於鴆反狎户甲反○秋，鄭詹自齊逃
來。逃義曰逃齊稱人以執是執有罪也執得其罪故曰義也今而逃之是逃義也○冬，多麋京房
易傳曰廢正作淫爲火不明則國多麋○麋亡悲反
十有八年，春，王三月，日有食之。不言日，不言朔，夜

食也。何以知其夜食也。曰。王者朝日[王制曰天子玄冕而朝日於東門之外故日始出而有虧傷之處是以知其夜食也何休曰春秋不言月食日者以其無形故闕疑其夜食何緣書乎鄭君釋之曰一日一夜合爲一日今朔日日始出其食虧傷之處未復故知此日以夜食夜食則亦屬前月之晦故穀梁子不以爲疑○朝直遥反處昌慮反]故雖爲天子。必有尊也。貴爲諸侯。必有長也。故天子朝日。諸侯朝朔[○長丁丈反]○夏。公追戎于濟西。其不言戎之伐我何也。以公之追之。不使戎邇於我也[邇猶近也不使戎得逼近於我故若入竟望風退走○濟子禮反濟水名邇如字邇近也一本作介音界亦近也竟音境]于濟西者。大之也。何大焉。爲公之追之也[言戎遠來至濟西必大有徒衆以公自追之知其審然○爲于僞反]○秋。有蜮[蜮短狐也蓋含沙射人京房易傳曰忠臣進善君不識厥咎國生蜮○蜮本亦作蜮音或短狐本草謂之射工射人食亦反下文同]一有一亡曰有。蜮。射人者也[亡音無又如字]○冬。十月十有九年（○傳本或分此以下爲莊公與閔公同卷）春王正月○夏四月○秋公子結媵陳人之婦于鄄遂及齊侯宋公盟媵淺事也不志此其志何也辟要盟也（魯實使公子結要二國之盟欲自託於大國未審得盟與不故以媵婦爲名得盟則盟不則止此行有辭也○媵以證反又繩證反爾雅云送也要於遙反注同）何以見其辟要盟也媵禮之輕者也盟國之重也以輕事遂乎國重無説（以輕遂重無他異説故知辟要盟耳○見賢徧反）其曰陳人之婦略之也（但爲遂事假録媵事耳故略言陳人之婦不處其主名○爲于僞反）其不日數渝惡之也（○數音朔惡烏路反）○夫人姜氏如莒婦人既嫁不踰竟踰竟非正也○冬齊人宋人陳人伐我西鄙其曰鄙遠之也其遠之何也不以難邇我國也（○難乃旦反邇如字本又作介音界）

二十年。春。王二月。夫人姜氏如莒。夫人比年如莒過而不改無禮尤甚故謹而月之。○莒音舉婦人既嫁不踰竟。踰竟。非正也。○竟音境○夏。齊大災。其志。以甚也。外災不志甚謂災及人也外災例時○秋。七月。○冬。齊人伐我。

二十有一年。春。王正月。○夏。五月。辛酉。鄭伯突卒。○秋。七月。戊戌。夫人姜氏薨。婦人弗目也。鄭嗣曰弗目謂不目言其地也婦人無外事居有常所故薨不書地僖元年傳曰夫人薨不地此言弗目蓋互辭爾定九年得寶玉大弓傳曰弗目羞也蓋此類也江濈曰文姜有弑公之逆而弗目其罪○弗目謂不顯目文姜薨所也一曰弗目其罪○冬。十有二月。葬鄭厲公。

二十有二年。春。王正月。肆大眚。肆。失也。眚。災也。易稱赦過宥罪書稱眚災肆赦經稱肆大眚皆放赦罪人蕩滌衆故有時而用之非經國之常制○肆音四眚所景反宥音又滌音狄災紀也。失故也。災謂罪惡紀治理也有罪當治理之今失之者以文姜之故爲嫌天子之葬也。文姜罪應誅絕誅絕之罪不葬若不赦除衆惡而書葬者嫌天子許之明須赦而後得葬。○爲于僞反癸丑。葬我小君文姜。小君。非君也。不治其民其曰君何也。以其爲公配。可以言小君也。○陳人殺其公子禦寇禦寇宣公之子。○禦魚呂反又作御言公子而不言大夫。公子未命爲大夫也。其曰公子何也。公子之重視大夫。視比命以執公子。大夫既命得執公子之禮一本大夫命以視公子○夏。五月。以五月首時甯所未詳○秋。七月。丙申。及齊高傒盟于防。不言公。高傒伉也。書日則公盟也高傒驕伉與公敵體恥之故不書公。○傒音奚伉苦浪反○冬。公如齊納幣。納幣。大夫之事也。禮有納采。采擇女之德性也其禮用鴈爲贄者取順陰陽往來。○贄音至有問名。問女名而卜之知吉凶也其禮如納采有納徵。徵成也納幣以成婚有告期。告迎期。○迎魚

敬反四者備而後娶。禮也。公之親納幣。非禮也。故譏之公母喪未再期而圖婚傳無譏文但譏親納幣者喪婚不待貶絕而罪惡見○見賢徧反

二十有三年。春。公至自齊。○祭叔來聘祭叔天子寰內諸侯叔名○祭側界反寰音縣又音環其不言使何也。天子之內臣也。不正其外交。故不與使也何休曰南季宰渠伯糾家父宰周公來聘皆稱使獨于此奪之何也鄭君釋之曰諸稱使者是奉王命其人無自來之意今祭叔不一心於王而欲外交不得王命來故去使以見之○去起呂反見賢徧反

○夏。公如齊觀社。常事曰視視朔是也非常曰觀。觀。無事之辭也言無朝會之事○朝直遥反下同以是為尸女也尸主也主為女往爾以觀社為辭○主為于偽反無事不出竟。公至自齊。公如陳公行例往時。正也正謂無危懼也皆放此致月。故也。如往月。致月。有懼焉爾。○荆人來聘。善累而後進之。其曰人何也。舉道不待再

明聘問之禮朝宗之道非夷狄之所能故一舉而進之○公及齊侯遇于穀及者內爲志焉爾遇者志相得也○蕭叔朝公微國之君未爵命者其不言來於外也言於穀朝公也朝於廟正也於外非正也○秋丹桓宮楹楹柱禮天子諸侯黝堊黝堊黑色○黝於糾反又於柳反注同堊烏路反又烏各反范云黝堊黑色案黝黑也堊白土色○黈他苟反黃色也糵氏云張斗反大夫倉士黈黈黃丹楹非禮也○冬十有一月曹伯射姑卒○射音亦本或作亦○十有二月甲寅公會齊侯盟于扈桓盟不日此盟日者前公如齊觀社傳曰觀無事之辭以是爲尸女也公怠棄國政比行犯禮憂危甚矣覇主降心親與之盟實有弘濟之功而魯得免於罪臣子所慶莫重於此時事所重文亦宜詳故特謹日以著之○扈音户

二十有四年春王三月刻桓宮桷禮天子之桷斲之礱之加密石焉以細石磨之○刻音克桷音角椽也方曰桷圓曰椽斲丁角反削也礱力公反磨也

諸侯之桷斲之礱之大夫斲之士斲本刻桷非正
也夫人所以崇宗廟也取非禮與非正而加之於
宗廟以飾夫人非正也非禮謂娶讎女非正謂刻桷丹楹也本非宗廟之宜故曰加言將親迎欲
爲夫人飾又非正也○迎魚敬反下皆同刻桓宮桷丹桓宮楹斥言桓宮以
惡莊也不言新宮而謂之桓宮以桓見殺於齊而飾其宗朝以榮讎國之女惡莊不子○惡烏路反下同○葬曹
莊公○夏公如齊逆女親迎恒事也不志此其志
何也不正其親迎於齊也○秋公至自齊迎者行
見諸舍見諸諸之也言瞻望王夫人乘車○乘繩證反先至非正也○八月
丁丑夫人姜氏入哀姜入者内弗受也日入惡入者
也何用不受也以宗廟弗受也其以宗廟弗受何
也娶仇人子弟以薦舍於前其義不可受也薦進舍置

○惡入烏路反一音如字戊寅大夫宗婦覿用幣宗婦同宗大夫之婦○覿用徒歷反見也覿見也禮大夫不見夫人不言及不正其行婦道故列數之也男子之贄羔鴈雉腒贄所以至者也上大夫用羔取其從君羣帥而不黨也下大夫用鴈取其知時飛翔有行列也士冬用雉夏用腒取其耿介交有時別有倫也腒腊也雉必用死爲其不可生服也夏用腒備腐臭也○數色主反腒其居反腊也乾雉也士夏執之備腐臭也說文云北方謂鳥腊曰腒傳曰堯腊舜腒始腒別彼列反爲其于僞反腐符甫反婦人之贄棗栗鍛脩棗取其早自矜莊栗取其敬栗鍛脩取斷斷自脩整○鍛丁亂反脯也鍛而加薑桂曰脩脩飭本或作勑同恥力反一本作飾申職反或作整音征領反用幣非禮也用者不宜用者也大夫國體也國體謂爲君股肱股音古肱古弘反而行婦道惡之故謹而日之也○惡烏路反○大水○冬戎侵曹曹羈出奔陳赤歸于曹郭公赤蓋郭公也何爲名也禮諸侯無外歸之義外歸非正也徐乾曰郭公郭國之君也名赤蓋不能治其

國舍而歸于曹君爲社稷之主承宗廟之重不能安之而外歸他國故但書名以罪而懲之不直言赤復云郭公者恐不知赤者是誰將若曾之微者故也以郭公著上者則是諸侯失國之例是無以見微之義○羈居宜反郭公左氏如字公羊音虢舍音捨懲直升反復扶又反著張慮反又張略反見賢徧反

二十有五年。春。陳侯使女叔來聘。（女氏叔字○女音汝）其不名何也。（據成三年晉侯使荀庚來聘稱名）天子之命大夫也。○夏。五月。癸丑。衛侯朔卒。（惠公也犯逆失德故不書葬）○六月。辛未。朔。日有食之。言日言朔。食正朔也。鼓用牲于社。鼓禮也。用牲。非禮也。天子救日。置五麾。陳五兵。五鼓。（麾旌幡也五兵矛戟鉞楯弓矢○麾毀爲反幡芳元反矛亡侯反鉞音越楯時準反又音允）諸侯置三麾。陳三鼓。三兵。大夫擊門。士擊柝。言充其陽也。（九有聲皆陽事以厭陰氣柝兩木相擊充實也○柝吐洛反厭於甲反又於涉反）○伯姬歸于杞。其不言逆何也。逆之道微。

無足道焉爾○秋。大水。鼓用牲于社于門門國門門也高
下有水災曰大水。既戒鼓而駭衆。用牲可以已矣
救日以鼓兵。救水以鼓衆○冬。公子友如陳
二十有六年。春。公伐戎○夏。公至自伐戎○曹殺
其大夫。言大夫而不稱名姓。無命大夫也。無命大
夫而曰大夫賢也。爲曹羈崇也徐邈曰于時微國衰陵不能及禮其大夫降班
失位下同於士故略稱人而傳謂之無命大夫也莒慶莒挐邾庶其邾
快皆特以事書非實能貴故略名而已楚雖荆蠻漸自通于諸夏故莊
二十三年書荆人來聘文九年又襃而書名國轉彊大書之益詳然當
僖公文公之世楚猶未能自同于列國故得臣及椒並略名惟屈完來
會諸侯以殊禮成之楚莊王之興爲江漢盟主與諸夏之君權行抗禮
其勢彊于當年而事交於內外故春秋書之遂從中國之例夫政俗隆
替存乎其人三后之姓日失其序而諸國乗間與之代興因詳略之文
則可以見時事之實矣秦爵伯也上據西周班列中夏故得稱師有大
夫其大夫當名氏而文十二年秦術略名蓋于時晉主會盟而秦方敵
晉則會之于秦情好疏矣禮以飾情情疏則禮略春秋所以略文乎又

吴札不書氏以成尊于上也宋之盟叔孫豹不書氏以著其能恭此皆因事而爲義○爲曹于僞反挐女居反又女加反抉苦夬反諸夏户雅反下同𠚍君勿反情好呼報反○秋公會宋人齊人伐徐○冬十有二月癸亥朔日有食之

二十有七年春公會杞伯姬于洮伯姬莊公女洮魯地○洮他刀反本或作桃○夏六月公會齊侯宋公陳侯鄭伯同盟于幽同者有同也同尊周也於是而後授之諸侯也其授之諸侯何也齊侯得衆也桓會不致安之也桓盟不日信之也信其信仁其仁衣裳之會十有一未嘗有歃血之盟也信厚也十三年會北杏十四年會鄄十五年又會鄄十六年會幽二十七年又會幽僖元年會檉二年會貫三年會陽穀五年會首戴七年會甯毋九年會葵丘○歃所洽反于村他貞反又敕丁反本亦作檉甯如字又音寗毋毋音無又茂后反兵車之會四未嘗有大戰也愛民也

僖八年會洮十三年會鹹十五年會牡丘十六年會淮於末年乃言之不道侵蔡伐楚者方書其盛不道兵車也此則以兵車會而不用征伐○鹹音咸牡茂后反○秋。公子友如陳葬原仲原仲陳大夫原氏仲字言葬不言卒。不葬者也外大夫例不書卒不葬而曰葬。諱出奔也言季友辟内難而出以葬原仲爲辭○難乃旦反○冬。杞伯姬來歸寧○莒慶來逆叔姬慶名也莒大夫也叔姬莊公女禮檀弓記曰陳莊子死赴於魯魯人欲勿哭繆公召縣子而問焉縣子曰古之大夫束脩之問不出竟雖欲哭之安得而哭之今之大夫交政於中國雖欲勿哭安得而勿哭則大夫越竟逆女非禮也董仲舒曰大夫無束脩之餽無諸侯之交越竟逆女紀罪之○繆音穆縣音玄竟音境焉於虔反餽巨愧反越竟本或作疆居良反諸侯之嫁子於大夫。主大夫以與之君不敵臣來者。接内也。不正其接内。故不與夫婦之稱也接内謂與君爲禮也夫婦之稱當言逆女○稱尺證反○杞伯來朝杞稱伯蓋時王所絀○朝直遥反絀本又作黜勑律反○公會齊侯于城濮城濮衛地○濮音卜二十有八年。春。王三月。甲寅。齊人伐衛。衛人及齊人戰。衛人敗績。於伐與戰。安戰也。問在何處戰○處昌慮反戰衛。戰則是師也。其曰人何也。微之也。何爲微之也。今授之諸侯。而後有侵伐之事。故微之也。其人衛何也。以其人齊。不可不人衛也。齊桓始受方伯之任未能信著鄰國致有侵伐之事貶師稱人以微之也人不可以敵于師師不可以與人戰故亦以衛師爲人衛非有罪衛小齊大。其以衛及之何也。以其微之。可以言及也。其稱人以敗何也。不以師敗於人也。人輕而師重○夏。四月。丁未。邾子瑣卒。○瑣素果反○秋。荊伐鄭。荊者楚也。其曰荊州舉之也。○公會齊人。宋人。救鄭。善救鄭也。○冬。築微。微魯邑微左氏作麋山林藪澤之利。所以與民共也。虞之非正也。虞典禽獸之官言規固而築之又置官司以守之是不與民共同利也築不志凡志皆譏也築例時○藪素后反 ○大無麥禾。大者。有顧之辭也。於無禾及無麥也一災不書於冬無禾而後顧錄無麥故言大明不收甚 ○臧孫辰告糴于齊臧孫辰魯大夫臧文仲○糴音狄 國無三年之畜。曰國非其國也。一年不升。告糴諸侯。告請也。糴糴也。不正。故舉臧孫辰。以爲私行也爲内諱故不稱使使若私行○畜勑六反下同爲内于僞反下文爲内同 國無九年之畜曰不足。無六年之畜曰急。無三年之畜。曰國非其國也。諸侯無粟。諸侯相歸粟。正也。臧孫辰告糴于齊。告。然後與之。言内之無外交也。古者税什一宣十五年注詳矣○税始鋭反什一十而税一 豐年補敗敗謂凶年 不外求而上下皆足也。雖累凶年。民弗病也。一年不艾而百姓饑。君子非之。不言如。

爲內諱也○艾牛蓋反

二十有九年，春，新延廄。延廄者，法廄也。周禮天子十二閑馬六種邦國六閑馬四種每廄一閑言法廄者六閑之舊制也○廄九又反六種之勇反下皆同其言新，有故也。言改故而新之有故則何爲書也？古之君人者，必時視民之所勤。民勤於力，則功築罕；罕希○罕呼旦反民勤於財，則貢賦少；民勤於食，則百事廢矣。凶荒殺禮○殺所界反冬築微，春新延廄，以其用民力爲已悉矣。悉盡

○夏，鄭人侵許。

○秋，有蜚。穀梁說曰蜚者南方臭惡之氣所生也象君臣淫泆有臭惡之行○蜚扶味反行下孟反一有一亡曰有。○亡如字又音無

○冬，十有二月，紀叔姬卒。紀國雖滅叔姬執節守義故繫之紀賢而錄之

○城諸及防。諸防皆魯邑可城也，以大及小也。傳例曰凡城之志皆譏今云可者謂冬可用城不妨農役耳不謂作城無譏

三十年。春。王正月。○夏。師次于成。次。止也。有畏也。欲救鄣而不能也。不言公。恥不能救鄣也。畏齊○鄣音章○秋。七月。齊人降鄣。降猶下也。鄣。紀之遺邑也。○降戶江反下遐嫁反○八月。癸亥。葬紀叔姬。不日卒而日葬。閔紀之亡也。○九月。庚午朔。日有食之。鼓用牲于社。救日用牲既失之矣非正陽之月而又伐鼓亦非禮○冬。公及齊侯遇于魯濟。濟水名。○濟子禮反及者。内為志焉爾。遇者。志相得也。○齊人伐山戎。齊人者。齊侯也。其曰人何也。愛齊侯乎山戎也。不以齊侯敵乎山戎故稱人其愛之何也。桓内無因國。外無從諸侯。而越千里之險。北伐山戎。危之也。内無因緣山戎左右之國為内間者外無諸侯者不煩役寄國○從才用反内間間廁之間則非之乎。善之也。遠伐山戎雖危勤王職貢則善何善乎爾。燕。周之分子也（燕周大保召康公之後成王所封分子謂周之別子孫也○燕音烟注及後同分扶問反又如字本或作介音界大音泰召上照反）貢職不至。山戎爲之伐矣（言由山戎爲害伐擊燕使之隔絶於周室○爲之如字）

三十有一年。春。築臺于郎。夏。四月。薛伯卒。築臺于薛（薛魯地）○六月。齊侯來獻戎捷（獻下奉上之辭也春秋尊魯故曰獻○捷在接反戎菽也捷獲也）齊侯來獻捷者。內齊侯也。不言使。內與同。不言使也（泰曰齊桓內救中國外攘夷狄親倚之情不以齊爲異國故不稱使若同一國也○攘如羊反倚於綺反下文及注同）獻戎捷。軍得曰捷。戎菽也（菽丑）○秋。築臺于秦（秦魯地）不正。罷民三時。虞山林藪澤之利。且財盡則怨。力盡則懟（懟恚恨也○罷音皮下同懟直類反怨也）君子危之。故謹而志之也。或曰。倚諸桓也。桓外無諸侯之變。內無國事。越千里之險。北伐山戎。爲燕辟地。辟開○爲于僞反辟婢亦反魯外無諸侯之變。內無國事。一年罷民三時。虞山林藪澤之利。惡內也。譏公依倚齊桓而與桓行異○惡烏路反行下孟反○冬。不雨。

三十有二年。春。城小穀。小穀魯邑○夏。宋公、齊侯遇于梁丘。遇者。志相得也。梁丘。在曹邾之間。去齊八百里。非不能從諸侯而往也。辭所遇。遇所不遇。大齊桓也。辭所遇謂八百里間諸侯必有願從者而辭之遇所不遇謂遠遇宋公也○能從才用反或如字注同○秋。七月。癸巳。公子牙卒。牙慶父同母弟何休曰傳例大夫不日卒惡也牙與慶父共淫哀姜謀殺子般而日卒何也鄭君釋之曰牙莊公母弟不言弟其惡已見不待去日矣甯再案傳例諸侯之尊弟也不得以屬通蓋以禮諸侯絕朞而臣諸父昆弟稱昆弟則是申其私親也宜十七年公弟叔肸卒傳曰其曰公弟叔肸賢之也然則不稱弟自其常例耳鄭君之說甯所未詳○見賢偏反去起呂反朞音期胕許乙反○八月癸亥公薨于路寢公薨皆書其所謹凶變路寢。正寢也寢疾居正寢正也男子不絕于婦人之手。以齊終也齊㨝○齊側皆反本亦作齋○冬十月乙未子般卒在喪故稱子般其名也莊公大子不書弒諱也○般音班大音泰子卒日正也襄三十一年秋九月癸巳子野卒是也不日。故也文十八年冬十月子赤卒是也有所見則日閔公不書即位是見繼弒者也故慶父弒子般子般可以日卒不待不日而顯○見則賢徧反○公子慶父如齊此奔也其曰如何也據閔二年慶父奔莒不言如諱莫如深深則隱深謂君弒賊奔隱痛之至也故子般日卒慶父如齊苟有所見莫如深也閔公不書即位見子般之弒慶父出奔○

狄伐邢

春秋穀梁卷第三

經傳伍阡壹伯肆拾叁字

注陸阡零冊貳字

音義壹阡陸伯玖拾肆字

仁仲　比校訖

春秋穀梁傳閔公第四　○名開，惠王十六年即位

范甯集解

元年。春。王正月。繼弒君不言即位。正也。親之非父也。兄也。尊之非君也。未踰年也。繼之如君父也者。受國焉爾。○齊人救邢。善救邢也。善齊桓得伯之道。○夏。六月。辛酉。葬我君莊公。莊公葬而後舉謚。謚所以成德也。於卒事乎加之矣。○秋。八月。公及齊侯盟于洛姑。洛姑，齊地。○洛姑，一本作路姑。盟納季子也。季子來歸。其曰季子。貴之也。大夫稱名氏，今曰子，是貴之也。子，男子之美稱。○美稱，尺證反。其曰來歸。喜之也。大夫出使，歸不書，執然後致。不言歸，國內之人不曰來，今言來者，明本欲遂去，同他國之人也。言歸者，明實魯人也。喜之者，季子賢大夫，以亂故出奔，國人思之，懼其遂去不反，今得其還，故皆喜曰季子來歸。○使，所吏反。冬。齊仲孫來。其曰齊仲孫。

外之也魯絶之故繫之于齊○齊仲孫慶父也左氏以爲齊大夫其不目而曰仲孫疏
之也不目謂不言公子慶父其言齊以累桓也繫仲孫於齊言桓容赦有罪○累劣僞反
二年春王正月齊人遷陽○夏五月乙酉吉禘于
莊公三年喪畢致新死者之主於廟廟之遠主當遷入大祖之廟因是大祭以審昭穆謂之禘莊公喪制未闋時別立廟廟成而吉祭又不於大廟故詳書以示譏○禘徒帝反大祖音泰下大廟同昭上饒反闋苦穴反吉禘者不吉者也
喪事未畢而舉吉祭故非之也莊公薨至此方二十二月喪未畢○秋
八月辛丑公薨不地故也其不書葬不以討母葬
子也凡君弒賊討則書葬哀姜實被討而不書葬者不以討母葬子○九月夫人姜氏孫
于邾哀姜與弒閔公故出奔○孫音遜本或作遜與音豫孫之爲言猶孫也諱奔
也○公子慶父出奔莒其曰出絶之也慶父不復
見矣慶父弒子般閔公不書弒諱之○復扶又反見賢徧反○冬齊高子來盟其曰

來喜之也其曰高子貴之也盟立僖公也不言使何也據桓十四年鄭伯使其弟禦來盟言使○禦魚呂反下同不以齊侯使高子也齊侯不討慶父使魯重罹其禍令若高子自來非齊侯所得使也猶屈完不稱使也江熙曰魯頻弒君僖公非正也桓公遣高傒立僖公以存魯魯人德之不名其使以貴之貴其使則其主重矣○重直用反屈君勿反傒音奚其使所吏反下同○十有二月狄入衛僖公二年城楚丘以封衛則衛爲狄所滅明矣不言滅而言入者春秋爲賢者諱齊桓公不能攘夷狄救中國故爲之諱○爲賢于僞反下同攘如羊反○鄭棄其師惡其長也兼不反其衆則是棄其師也長謂高克也高克好利不顧其君文公惡而遠之不能使高克將兵禦狄于竟陳其師旅翱翔河上久而不召衆將離散高克進之不以禮文公退之不以道危國亡師之本○惡其烏路反注同長丁丈反兼戶謙反又如字好呼報反遠于萬反將子匠反竟音境翱五羔反

春秋穀梁卷第四

經傳叁伯壹拾玖字

注肆伯陸拾字

音義壹伯陸拾貳字

余仁仲刊于家塾

# 春秋穀梁傳僖公第五○名申惠王十八年即位

范甯集解

元年。春。王正月。繼弒君不言即位。正也。○弒音試後皆同 ○齊師。宋師。曹師。次于聶北。救邢。聶北邢地。聶女輒反 ○救不言次。據莊六年王人子突救衛不言次 言次。非救也。次止也救赴急之意今方停止故知非救也 非救而曰救。何也。遂齊侯之意也。錄其本意 是齊侯與齊侯也。怪其稱師○與音餘 何用見其是齊侯也。據經書齊師○見賢徧反下復見及注同 曹無師。曹師者。曹伯也。小國君將稱君卿將稱人不得稱師言師則是曹伯也曹君不可在師下故知是齊侯○君將子匠反下同 其不言曹伯何也。以其不言齊侯不可言曹伯也。其不言齊侯何也。以其不足乎揚。不言齊侯也。救不及事不足稱揚○以其不足乎揚絕句稱揚也 ○夏。六月。邢遷于夷儀。辟狄難夷儀邢地○難乃旦反遷者猶得其國家以往者也其地邢復見也非若宋人遷宿滅不復見○復扶又反下注並同○齊師宋師曹師城邢是向之師也使之如改事然美齊侯之功也是向聶北之師嘗言遂今復列三國者美齊桓存亡國○是鄉許亮反本又作向注同○秋七月戊辰夫人姜氏薨于夷哀姜夫人薨不地地故也齊人以歸不言以喪歸非以喪歸也加喪焉諱以夫人歸也泰曰齊人實以夫人歸殺之于夷諱故使若自行至夷遇疾而薨然後齊人以喪歸也歸在薨前而今在下是加喪之文也經不言以喪歸者以本非以喪歸也傳例曰以者不以者也微旨見矣○見賢偏反其以歸薨之也以歸然後殺之○楚人伐鄭○八月公會齊侯宋公鄭伯曹伯邾人于檉檉宋地○檉勑貞反一本作朾音同○九月公敗邾師于偃偃邾地○敗必邁反下皆同偃于晚反一本作堰同不日疑戰也疑戰而曰敗勝內也○冬十月

壬午。公子友帥師敗莒師于麗。獲莒挐。麗魯地傳例曰獲者不與之辭○麗力池反挐女居反又女加反莒無大夫。其曰莒挐何也。據非大夫不書以吾獲之。目之也。內不言獲。獲者不與之辭主善以內故不言獲此其言獲何也。據文十一年叔孫得臣敗狄于鹹不言獲長狄惡公子之紿。紿欺紿也○惡烏路反紿徒乃反紿者奈何。公子友謂莒挐曰。吾二人不相說。士卒何罪。屏左右而相搏。公子友處下。左右曰。孟勞。孟勞者。魯之寶刀也。公子友以殺之。然則何以惡乎紿也。據得勝也○說音悅卒子忽反搏音博手搏也勞如字孟勞寶刀名曰。棄師之道也。江熙曰經書敗莒師而傳云二人相搏則師不戰何以得敗理自不通也夫王赫斯怒貴在爰整子所慎三戰居其一季友令德之人豈當舍三軍之整佻身獨鬭潛刃相害以決勝負者哉雖千載之事難明然風味之所期古猶今也此又事之不然傳或失之○赫呼白反舍音捨佻他堯反又徒堯反

○十有二月。丁巳。夫人氏之喪至自齊。其不

言姜以其殺二子貶之也二子子般閔公或曰爲齊桓諱殺
同姓也○爲于僞反
二年春王正月城楚丘楚丘者何衛邑也國而曰
城此邑也其曰城何也據元年齊師宋師曹師城邢邢國也封衛也閔二年狄入衛
遂滅則其不言城衛何也衛未遷也其不言衛之遷
焉何也據元年邢遷于夷儀言遷也不與齊侯專封也其言城之者
專辭也故非天子不得專封諸侯諸侯不得專封
諸侯雖通其仁以義而不與也存衛是桓之仁故通令城楚丘義不可以專封
故不言遷衛○令力呈反故曰仁不勝道仁謂存亡國道謂上下之禮○夏五月辛
巳葬我小君哀姜○虞師晉師滅夏陽非國而曰
滅重夏陽也虞無師其曰師何也以其先晉不可

以不言師也。人不得居師上，貴賤之序。○夏陽，户雅反，左氏作下陽。先，蘇薦反，下文及注同。其先晉何也？據小不先大。爲主乎滅夏陽也。夏陽者，虞虢之塞邑也。其地險要，故二國以爲塞邑。○塞，蘇代反，注同。滅夏陽而虞虢舉矣。虞之爲主乎滅夏陽何也？晉獻公欲伐虢，荀息曰：君何不以屈產之乘、垂棘之璧，而借道乎虞也？荀息，晉大夫。屈邑產駿馬，垂棘出良璧。○屈，其勿反，又君勿反，地名也。乘，繩證反。駿音俊。借，子夜反，及下不借而借皆同。公曰：此晉國之寶也。如受吾幣而不借吾道，則如之何？荀息曰：此小國之所以事大國也。此謂璧馬之屬。彼不借吾道，必不敢受吾幣。如受吾幣而借吾道，則是我取之中府而藏之外府，取之中廄而置之外廄也。公曰：宮之奇存焉，宮之奇，虞之賢大夫。○廄音救。奇，其宜反。必不使受之也。荀息曰：宮

六十六。
之奇之爲人也達心而懦懦弱○懦乃亂反又乃卧反又少長於君
達心則其言略明達之人言則舉綱領要不言提其耳則愚者不悞○少詩召反下同長丁丈反提徒兮反本作題
音同懦則不能彊諫少長於君則君輕之且夫玩好
在耳目之前而患在一國之後此中知以上乃能
慮之臣料虞君中知以下也公遂借道而伐虢宮
之奇諫曰晉國之使者其辭卑而幣重必不便於
虞虞公弗聽遂受其幣而借之道宮之奇諫曰語
曰脣亡則齒寒其斯之謂與語諺言也○彊其良反又其丈反好呼報反知音智下同
上時掌反料力彫反又力弔反使所吏反便婢面反與音餘諺音彥挈其妻子以奔曹獻公
亡虢五年而後舉虞荀息牽馬操璧而前曰璧則
猶是也而馬齒加長矣猶是言如故○挈苦結反操七刀反加長丁丈反○秋九

月。齊侯。宋公。江人。黃人。盟于貫（貫宋地。貫古亂反）貫之盟不期而至者。江人黃人也。江人黃人者。遠國之辭也。中國稱齊宋。遠國稱江黃。以爲諸侯皆來至也。○冬。十月。不雨。不雨者。勤雨也（言不雨是欲得雨之心勤也明君之恤民。○勤如字麋氏音覲後年同）○楚人侵鄭

三年。春。王正月。不雨。不雨者。勤雨也。○夏。四月。不雨（一時不雨則書首月不言旱不爲災）一時言不雨者。閔雨也（經一時輒言不雨憂民之至閔憂也）閔雨者。有志乎民者也。○徐人取舒。○六月。雨。雨云者。喜雨也。喜雨者。有志乎民者也。○秋。齊侯。宋公。江人。黃人。會于陽穀（陽穀齊地）陽穀之會。桓公委端搢笏而朝諸侯（委委貌之冠也端玄端之服搢插也笏以記事者也所謂衣裳之會○搢音進又音箭笏

七十文○音忽朝直遥反挿楚洽反諸侯皆諭乎桓公之志○冬公子季友

如齊莅盟傳例曰莅位也内之前定之盟謂之莅外之前定之盟謂之來○莅音利又音類莅者位

也盟誓之言素定今但往其位而盟其不日前定也不言及者以國與

之也不言其人亦以國與之也○楚人伐鄭

四年春王正月公會齊侯宋公陳侯衛侯鄭伯許

男曹伯侵蔡蔡潰傳例曰侵時而此月蓋爲潰○潰户内反蓋爲于僞反下爲退同潰之

爲言上下不相得也君臣不和而自潰散侵淺事也侵蔡而蔡

潰以桓公爲知所侵也責得其罪故裁侵而潰不土其地不分

其民明正也遂伐楚次于陘楚彊齊欲綏之以德故不速進而次于陘陘楚地○陘音

刑遂繼事也次止也○夏許男新臣卒十四年冬蔡侯肹卒傳曰

諸侯時卒惡之也宣九年辛酉晉侯黑臀卒于扈傳曰其地于外也其日未踰竟也然則新臣卒于楚故不日耳非惡也○惡烏路反下同臀

徒門反諸侯死於國不地死於外地死於師何爲不地據宣九年晉侯黑臀卒于扈地內桓師也齊桓威德洽著諸侯安之雖卒於外與其在國同○楚屈完來盟于師盟于召陵屈完來如陘師盟齊桓以其服義爲退一舍次于召陵而與之盟召陵楚地○召上照反楚無大夫無命卿也其曰屈完何也以其來會桓成之爲大夫也尊齊桓不欲令與卑者盟○令力呈反下同其不言使權在屈完也卭曰齊桓威陵江漢楚人大懼未能量敵遣屈完如師完權事之宜以義卻齊遂得與盟以安竟內功皆在完故不言使○與音預又如字則是正乎曰非正也臣無自專之道以其來會諸侯重之也重其宗中國歸有道來者何內桓師也來者內辭也內桓師故言來于師前定也于召陵得志乎桓公也得志者不得志也屈完來盟桓公退于召陵是屈完得其本志屈完得志則桓公不得志以桓公得志爲僅矣桓爲霸主以會諸侯楚子不來屈完受盟令問諸江辭又不順僅乃得志言楚之難服○爲僅其靳反屈完曰大國之以

兵向楚何也。桓公曰：昭王南征不反，菁茅之貢不至，故周室不祭。菁茅香草所以縮酒楚之職貢○菁茅子丁反下亡交反菁茅香草也尚書傳云菁以爲菹茅以縮酒○縮所六反屈完曰：菁茅之貢不至，則諾。昭王南征不反，我將問諸江。問江邊之民有見之者不此不服罪之言故退于召陵而與之盟屈完所以得志桓公之不得志爾○齊人執陳袁濤塗。袁濤塗陳大夫○濤徒刀反齊人者，齊侯也。其人之何也？於是哆然外齊侯也，不正其踰國而執也。江熙曰踰國謂踰陳而執陳大夫主人之不敬客由客之不先敬主人哆然衆有不服之心故春秋因而譏之所謂以萬物爲心也莊十七年齊人執鄭詹傳與其執者詹之奔在齊因執之○哆昌者反又昌氏反詹之廉反○秋，及江人、黄人伐陳。不言其人及之者何？内師也。○八月，公至自伐楚。有二事偶，則以後事致。後事小，則以先事致。其以伐楚致，大伐楚也。鄭君曰會爲大事伐爲小事今齊桓伐楚而後盟于召陵公當由致會而致伐者楚彊莫能伐者故以伐楚爲大事○葬許穆公○冬十有二月公孫茲帥師會齊人宋人衛人鄭人許人曹人侵陳莊十年春二月公侵宋傳曰侵時此其月何也惡之故謹而月之然則凡侵而月者皆惡之○惡烏路反下同

五年春晉侯殺其世子申生目晉侯斥殺惡晉侯也斥指斥○杞伯姬來朝其子婦人既嫁不踰竟踰竟非正也諸侯相見曰朝伯姬爲志乎朝其子也伯姬爲志乎朝其子則是杞伯失夫之道矣凱曰不能刑于寡妻○朝直遥反下皆同爲志于僞反下同諸侯相見曰朝以待人父之道待人之子非正也故曰杞伯姬來朝其子參譏也參譏謂伯姬杞伯魯侯也桓九年曹伯使其世子射姑來朝譏世子此不譏者明子隨母行年尚幼弱未可責以人子之道伯姬以莊二十五年夏嫁至去八十三年則子幼可知○參七南反又音三○夏公孫茲如牟○公及齊侯

宋公陳侯衛侯鄭伯許男曹伯會王世子于首戴惠王之世子名鄭後立爲襄王首戴衛地○首戴左氏作首止及以會尊之也言及諸侯然後會王世子不敢令世子與諸侯齊列○令力呈反何尊焉王世子云者唯王之貳也云可以重之存焉尊之也何重焉天子世子世天下也○秋八月諸侯盟于首戴言諸侯者前目而後凡他皆放此無中事而復舉諸侯何也尊王世子而不敢與盟也尊則其不敢與盟何也盟者不相信也故謹信也不敢以所不信而加之尊者桓諸侯也不能朝天子是不臣也王世子子也塊然受諸侯之尊己而立乎其位是不子也桓不臣王世子不子則其所善焉何也是則變之正也雖非禮之正而合當時之宜○復扶又反下同塊苦對反又苦怪反天

子微。諸侯不享覲。桓控大國。扶小國。統諸侯。不能以朝天子。亦不敢致天王。尊王世子于首戴。乃所以尊天王之命也。世子含王命會齊桓。亦所以尊天王之命也。世子受之可乎。是亦變之正也。天子微。諸侯不享覲。世子受諸侯之尊己。而天王尊矣世子受之可也。鄭伯逃歸不盟。以其去諸侯。故逃之也專己背衆故書逃傳例曰逃義曰逃○控大苦貢反背衆音佩○楚人滅弦。弦子奔黃。弦國也。其不日。微國也。○九月戊申朔日有食之。○冬。晉人執虞公虞公貪璧馬之寶棄兄弟之親拒絶忠諫之口不圖社稷之危故晉命行于虞虞使下執上虞同于晉是以謂之晉人執虞公江熙曰春秋有州公郭公虞公凡三公非爵也傳以爲下執之辭嘗試因此論之五等諸侯民皆稱曰公存有王爵之限沒則申其臣民之稱州公舍其國故先書州公郭公盜而歸曹故先名而後稱郭公夏陽亡則虞爲滅國故宜稱虞公三人殊而一致三公外而同歸生死齊稱蓋春秋所賤○之稱尺證反下齊稱同舍音捨外昌兖反 執不言所於地縕於晉也 時虞已包裹屬於晉故雖在虞執而不書其處○縕紆粉反包音苞裹音果處昌呂反 其曰公何也 據十九年宋人執滕子嬰齊不言公 猶曰其下執之之辭也 臣民執其君故稱公 其猶下執之之辭何也晉命行乎虞民矣 虞服于晉故從晉命而執其君 虞虢之相救非相爲賜也今日亡虢而明日亡虞矣 言明日喻其速○爲于僞反又如字

六年春王正月○夏公會齊侯宋公陳侯衛侯曹伯伐鄭圍新城伐國不言圍邑此其言圍何也 據元年楚人伐鄭不言圍 病鄭也著鄭伯之罪也 泰曰諸伐國而言圍邑傳皆以爲伐者之罪而以此著鄭伯之罪者齊桓行霸尊崇王室綏合諸侯翼戴世子盟之美著莫盛於此而鄭伯辟義逃歸違叛霸者是以諸侯伐而圍之罪著于上討顯于下圍伐之文雖同而善惡之義有殊亦猶相盟不日以明信而葵丘之盟日之以爲美○著張慮反辟音避 ○ 秋楚

人圍許。諸侯遂救許。伐鄭之諸侯善救許也。○冬。公至自伐鄭。其不以救許致何也。大伐鄭也。

七年。春。齊人伐鄭。○夏。小邾子來朝。朝直遥反○鄭殺其大夫申侯。稱國以殺。大夫殺無罪也。○秋。七月。公會齊侯、宋公、陳世子款、鄭世子華。盟于甯母。甯毋其地○甯毋上音如字又音甯下音無又茂后反左氏作甯毋衣裳之會也。○曹伯班卒。○班必顏反○公子友如齊。○冬。葬曹昭公。

八年。春。王正月。公會王人、齊侯、宋公、衛侯、許男、曹伯、陳世子款。盟于洮。洮曹地王人之先諸侯何也。貴王命也。朝服雖敝。必加於上。弁冕雖舊。必加於首。周室雖衰。必先諸侯。兵車之會也。鄭伯乞盟。以向

之逃歸乞之也向謂五年逃首戴之盟齊桓爲兵車之會于此乃震服懼不得盟故乞得與之不録使者使若
鄭伯自來所以抑一人之惡申衆人之善○之先悉薦反下同朝服直遥反弁皮彦反以向香亮反本又作鄉注同得與音預使者所吏反
乞者。重辭也人道貴讓故以乞爲重重是盟也悔前逃歸故以重言乞者。
處其所而請與也言乞知不自來蓋汋之也汋血而與之○汋由若反一音酌○
夏。狄伐晉○秋。七月。禘于大廟禘三年大祭之名大廟周公廟禮記明堂位曰季夏
六月以禘禮祀周公于大廟雜記下曰孟獻子曰七月日至可以有事于祖七月而禘獻子爲之案宣九年仲孫蔑如京師於是獻子始見經
襄十九年卒然則失禮非獻子所始明矣雜記之云甯毋所未詳○大廟音泰見賢徧反下文而見同用致夫人劉向曰夫
人成風也致之于大廟立之以爲夫人○夫人成風也左氏以爲哀姜用者。不宜用者也。致者。
不宜致者也。言夫人必以其氏姓。言夫人而不以
氏姓。非夫人也。立妾之辭也。非正也。夫人者正嫡之稱謂非崇妾之嘉號
以妾體君則上下無別雖尊其母是卑其父故曰非正也禮有君之母非夫人者又庶子爲後爲其母緦是妾不爲夫人明矣○適丁歷反本

亦作嫡稱尺證反別彼列反爲其于僞反緦音思夫人之我可以不夫人之乎夫人卒葬之我可以不卒葬之乎鄭嗣曰君以爲夫人君以夫人之禮卒葬之主書者不得不以爲夫人也成風以文四年薨五年葬傳終說其事一則以宗廟臨之而後貶焉臣無貶君之義故于大廟去夫人氏姓以明君之非正○去起呂反一則以外之弗夫人而見正焉秦人來歸僖公成風之襚不言夫人○襚音遂○冬十有二月丁未天王崩惠王也

九年春王三月丁丑宋公禦說卒禦魚呂反本亦作御說音悅○夏公會宰周公齊侯宋子衛侯鄭伯許男曹伯于葵丘宰官周采地天子三公不字宋子襄公葵丘地名○采音菜天子之宰通于四海宰天官冢宰兼爲三公者三公論道之官無事于會盟冢宰掌建邦之六典以佐王治邦國故曰通于四海宋其稱子何也未葬之辭也禮柩在堂上孤無外事今背殯而

出會。以宋子爲無哀矣欑木如椁塗之曰殯殷人殯于兩楹之間周人殯于西階之上宋殷後也○柩其救反禮記云在牀曰尸在棺曰柩背音佩菆木才官反本又作欑同○秋。七月。乙酉。伯姬卒。内女也未適人不卒。此何以卒也。許嫁笄而字之。死則以成人之喪治之女子許嫁不爲殤死則以成人之喪治之謂許嫁于諸侯尊同則服大功九月吉笄以象爲之刻鏤其首以爲飾成人著之○笄古兮反殤式羊反著丁畧反○九月。戊辰。諸侯盟于葵丘。桓盟不日。此何以日。美之也。爲見天子之禁。故備之也何休以爲即日爲美其不日皆爲惡也桓公之盟不日皆爲惡邪莊十三年柯之盟不日爲信至此日以爲美美義相反也鄭君釋之曰柯之盟不日固始信之自其後盟以不日爲平文從陽穀已來至此葵丘之盟皆令諸侯以天子之禁桓德極而將衰故備日以美之自此不復盟矣○爲見于僞反下賢徧反復扶又反葵丘之盟。陳牲而不殺所謂無歃血之盟鄭君曰盟牲諸侯用牛大夫用豭○歃本又作啑所洽反又所甲反豭音加讀書加于牲上。壹明天子之禁壹猶專也曰毋雍泉專水利以障谷○雍於勇反塞也障音章又之亮反毋訖糴訖止也謂貯粟○糴音狄貯張呂反毋易樹子樹子嫡子○嫡丁歷反毋以妾爲妻毋使婦人與國事女正位於内○與音豫○甲子晉侯詭諸卒獻公也枉殺世子申生失德不葬○詭諸九委反左氏作佹諸枉紆往反○冬晉里克殺其君之子奚齊其君之子云者國人不子也國人不子何也不正其殺世子申生而立之也諸侯在喪稱子言國人不君之故繫于其君

十年春王正月公如齊○狄滅溫溫子奔衛○晉里克弑其君卓及其大夫荀息以尊及卑也荀息閑也○卓勑角反○夏齊侯許男伐北戎○晉殺其大夫里克稱國以殺罪累上也里克弑二君與一大夫二君奚齊卓子一大夫荀息其以累上之辭言之何也據有罪其殺

之不以其罪也其殺之不以其罪奈何里克所爲弒者爲重耳也殺奚齊卓子者欲以重耳爲君重耳夷吾兄文公○所爲于僞反下文皆同重直龍反殺奚齊申志反又如字夷吾曰是又將殺我乎故殺之不以其罪也其爲重耳弒奈何晉獻公伐虢得驪姬獻公私之有二子長曰奚齊稚曰卓子驪姬欲爲亂亂謂殺申生而立其子○驪姬力池反伐虢所得左氏伐驪戎所得長丁丈反稚直吏反故謂君曰吾夜者夢夫人趨而來曰吾苦畏夫人申生母○苦如字又枯路反下同胡不使大夫將衛士而衛冢乎公曰孰可使曰臣莫尊於世子則世子可故君謂世子曰驪姬夢夫人趨而來曰吾苦畏女其將衛士而往衛冢乎世子曰敬諾築宫宫成驪姬又曰吾夜者夢夫人趨而來曰吾苦飢

世子之宫已成，則何爲不使祠也？故獻公謂世子曰：「其祠。」世子祠。已祠，致福於君。君田而不在。麗姬以酖爲酒，藥脯以毒。獻公田來，麗姬曰：「世子已祠，故致福於君。」君將食，麗姬跪曰：「食自外來者，不可不試也。」覆酒於地而地賁。賁沸起也○女音汝下皆同祠自絲反酖直蔭反以鴆鳥毛畫酒跪求委反覆芳服反賁扶粉反注同以脯與犬，犬死。麗姬下堂而啼呼曰：「天乎！天乎！國，子之國也，子何遲於爲君？」君喟然歎曰：「吾與女未有過切，吾與女未有過差切急○呼火故反喟去愧反又去怪反差初賣反又如字是何與我之深也？」使人謂世子曰：「爾其圖之。」世子之傅里克謂世子曰：「入自明。入自明則可以生，不入自明則不可以生。」世子曰：「吾君已老矣，已昏矣吾若此而入自明則麗姬必死麗姬死則吾君不安所以使吾君不安者吾不若自死吾盍自殺以安吾君以重耳爲寄矣慮麗姬又譖重耳故以託里克使保全之刎脰而死○刎亡粉反脰音豆頸也故里克所爲弑者爲重耳也夷吾曰是又將殺我也○秋七月○冬大雨雪○雨于付反

十有一年春晉殺其大夫丕鄭父○丕普悲反稱國以殺罪累上也○夏公及夫人姜氏會齊侯于陽穀○秋八月大雩雩月正也雩得雨曰雩不得雨曰旱禮龍見而雩常祀不書書者皆以旱也故得雨則喜以月爲正也不得雨則書旱明旱災成何休曰公羊書雩者善人君應變求索不雩則言旱旱而不害物言不雨也鄭如穀梁說本不雩何以明之如以不雨明之設旱而不害物何以別乎鄭君釋之曰雩者夏祈穀實之禮也旱亦用焉得雨書雩明雩有益不得雨書旱明旱災成後得雨無及也國君而遭旱雖有不憂民事者何乃廢禮本不雩禱哉顧不能致精誠也旱

而不害物固以久不雨别之文二年十三年自十有二月自正月不雨至于秋七月是也穀梁傳曰歷時而言不雨文不閔雨也以文不憂雨故不如僖時書不雨文所以不閔雨者素無志於民性退弱而不明又見時久不雨而無災耳○雩音于龍見賢徧反下同應變應對之應索所白反别彼列反下同禱丁老反又丁報反○冬。楚人伐黃

十有二年。春。王三月。庚午。日有食之。○夏。楚人滅黃。貫之盟。管仲曰。江黃遠齊而近楚。楚爲利之國也。若伐而不能救。則無以宗諸侯矣宗諸侯謂諸侯宗之○貫古亂反遠于萬反近附近之近爲于僞反桓公不聽。遂與之盟。管仲死。楚伐江滅黃。桓公不能救。故君子閔之也閔其貪慕伯者以致滅○秋七月

○冬。十有二月。丁丑。陳侯杵臼卒○杵昌呂反

十有三年。春。狄侵衛。○夏四月。葬陳宣公。○公會齊侯。宋公。陳侯。衛侯。鄭伯。許男。曹伯。于鹹鹹衛地○鹹音咸

兵車之會也○秋九月大雩○冬公子友如齊

十有四年春諸侯城緣陵緣陵杞邑其曰諸侯散辭也直曰諸侯無小大之序是各自欲城無總一之者非伯者所制故曰散辭聚而曰散何也據言諸侯城則是聚諸侯城有散辭也桓德衰矣言諸侯城則非伯者之爲可知也齊桓德衰所以散也何休曰案先是盟亦言諸侯非散也又穀梁美九年諸侯盟于葵丘即散何以美之邪鄭君釋之曰九年公會宰周公齊侯宋子衛侯鄭伯許男曹伯于葵丘九月戊辰盟于葵丘時諸侯初在會未有歸者故可以不序今此十三年夏公會齊侯宋公陳侯衛侯鄭伯許男曹伯于鹹而冬公子友如齊此聘也書聘則會固前已歸矣今云諸侯城緣陵而不序其人明其散桓德衰矣葵丘之事安得以難此○難乃旦反○夏六月季姬及繒子遇于防使繒子來朝遇例時此非所宜遇故謹而月之○繒在陵反朝直遥反下文及注同遇者同謀也魯女無故遠會諸侯遂得淫通此亦事之不然左傳曰繒季姬來寍公怒之以繒子不朝遇于防而使來朝此近合人情○近如字又附近之近來朝者來請己也使來朝請己爲妻朝不言使言使非正也以病繒子也○

秋八月辛卯沙鹿崩沙鹿晉山 林屬於山爲鹿鹿山足○屬之玉反
沙山名也無崩道而崩故志之也其日重其變也
劉向曰鹿在山下平地臣象陰位也崩者散落背叛不事上之象○背音佩 ○狄侵鄭○冬蔡侯
肸卒○肸許乞反 諸侯時卒惡之也○惡烏路反
十有五年春王正月公如齊○楚人伐徐○三月
公會齊侯宋公陳侯衛侯鄭伯許男曹伯盟于牡
丘牡丘地名 兵車之會也遂次于匡救徐也時楚人伐徐匡衛地 遂繼事
也次止也有畏也畏楚 ○公孫敖帥師及諸侯之大
夫救徐諸侯既盟次匡皆遣大夫將兵救徐故不復具列諸國○復扶又反 善救徐也○夏
五月日有食之夜食 ○秋七月齊師曹師伐厲徐邈曰案齊桓
末年用師及會皆危之而月也于時霸業已衰勤王之誠替于內震矜
之容見於外禍釁既兆動接危理故月衆國之君雖有失道未足爲一

世與衰齊桓威攝羣后政行天下其得失皆治亂所繫故春秋重而詳
之録所善而著所危云爾○見賢偏反興虛許靳反衰本作喪息浪反治
直吏反○八月螽○螽音終螽蟲災也甚則月不甚則時
○九月公至自會 莊二十七年傳曰桓會不致安之也而此致者齊桓德衰故危而致之 ○季
姬歸于繒○己卯晦震夷伯之廟 夷謚伯字 晦冥也震
雷也夷伯魯大夫也因此以見天子至于士皆有
廟 明夷伯之廟過制故因此以言禮○冥亡定反見賢偏反 天子七廟 祭法曰王立七廟曰考廟王考廟皇考廟曰
顯考廟祖考廟有二祧遠廟爲祧○祧它堯反 諸侯五 曰考廟曰王考廟皇考廟顯考廟祖考廟 大夫三 曰考
廟王考廟皇考廟 士二 曰考廟王考廟 故德厚者流光德薄者流卑 維曰
德厚者位尊道隆者爵重故天子遠及七世士祭祖而已 是以貴始德之本也始封必
爲祖 若契爲殷祖棄爲周祖○契息列反 ○冬宋人伐曹○楚人敗徐于
婁林 婁林徐地○敗必邁反下相敗同 夷狄相敗志也○十有一月壬

戊。晉侯及秦伯戰于韓（韓晉地）。獲晉侯（獲者不與之辭諸侯非可相獲）。韓之戰。晉侯失民矣。以其民未敗而君獲也

十有六年。春。王正月。戊申朔。隕石于宋五（劉向曰石陰類也五陽數也象陰而陽行將致隊落○隕云敏反行下孟反下陰行同隊直類反）。先隕而後石何也（據莊七年星隕如雨先言星後言隕）。隕而後石也（既隕後乃知是石）。于宋四竟之内曰宋。後數。散辭也。耳治也（隕石記聞也聞其磌然視之則石察之則五○竟音境治直吏反下目治同磌之人反又大年反声響是也）○是月。六鷁退飛過宋都（是月隕石之月劉向曰鷁陽也六陰數也象陽而陰行必衰退○鷁五歷反）。是月者。决不日而月也（欲著石日鷁月故言是月若不言是月則嫌與戊申同）。六鷁退飛過宋都。先數。聚辭也。目治也（六鷁退飛記見也視之則六察之則鷁徐而察之則退飛）。子曰。石無知之物。鷁微有知之物。石無知。故日之（石無知而隕必天使之然故詳而日之）。鷁微有知

之物。故月之鶂或時自欲退飛耳是以略而月之君子之於物。無所苟而已。石鶂且猶盡其辭。而况於人乎。故五石六鶂之辭不設。則王道不亢矣不貴遺微細故王道可舉○亢苦浪反民所聚曰都

○三月。壬申。公子季友卒。大夫日卒。正也季友桓公之子稱公弟叔仲。賢也。大夫不言公子、公孫。疏之也。○夏四月。丙申。繒季姬卒。○秋。七月。甲子。公孫茲卒。大夫日卒。正也。○冬。十有二月。公會齊侯、宋公、陳侯、衛侯、鄭伯、許男、邢侯、曹伯于淮。兵車之會也。○淮音懷

十有七年。春。齊人、徐人伐英氏。○英於京反○夏。滅項。孰滅之。桓公也。何以不言桓公也據莊十年齊師滅譚稱齊師○項戶講反國名也齊滅之左氏以爲魯滅爲賢者諱也。項國也。不可滅而滅之乎。桓

公知項之可滅也知政昏亂易可滅○爲于僞反下爲之諱同而不知己之不可以滅也霸者存恤鄰國抑彊輔弱義不可滅人之國既滅人之國矣何賢乎君子惡惡疾其始絶其始則得不終於惡邵曰謂疾其初爲惡之事不終身疾之○惡惡並如字又烏路反善善樂其終樂賢者終其行也邵曰謂始有善事則終身善之○行下孟反桓公嘗有存亡繼絶之功故君子爲之諱也邵曰存亡謂存邢衛繼絶謂立僖公所以終其善○秋夫人姜氏會齊侯于卞卞魯地○卞皮彥反○九月公至自會桓會不致而今致會桓公德衰威信不著陳列兵車又以滅項往會既非踰年乃反故往還皆月以危之○冬十有二月乙亥齊侯小白卒此不正其日之何也據二十四年晉侯夷吾卒不書日其不正前見矣其不正之前見何也以不正入虛國故稱嫌焉爾莊九年齊小白入于齊貶不稱公子虛國謂齊無君傳例曰以國氏者嫌也○見賢徧反下同

十有八年。春。王正月。宋公。曹伯。衛人。邾人。伐齊。非伐喪也。伐喪無道故謹而月之○夏。師救齊。魯師善救齊也○五月。戊寅。宋師及齊師戰于甗。甗齊地○甗魚輦反又音言齊師敗績。戰不言伐。客不言及。言及。惡宋也。何休曰戰言及者所以別客主直不直也故文十二年晉人秦人戰于河曲兩不直故不云及今宋言及明直在宋非所以惡宋也即言及爲惡是河曲之戰爲兩善乎又穀梁以河曲不言及略之也則自相反矣鄭君釋之曰及者別異客主耳不施於直與不直也直不直自在事而已義兵則客直宣十二年夏晉荀林父帥師及楚子戰于邲晉師敗績是也兵不義則主人直莊二十八年春衛人及齊人戰衛人敗績是也今齊桓卒未葬宋襄欲興霸事而伐喪於禮尤反故反其文以宋及齊即實以宋及齊明直在宋邲之戰直在楚不以楚及晉何邪秦晉戰于河曲不言及疾其亟戰爭舉兵故略其先後○惡烏路反下同別彼列反下同邲蒲必反一音弼亟欺冀反○狄救齊。善救齊也○秋。八月。丁亥。葬齊桓公。豎刀易牙爭權五公子爭立故危之○刀音雕○冬。邢人。狄人。伐衛。狄其稱人何也。善累而後進之。累積伐衛所以救齊也何休曰即伐衛救齊當兩舉如伐楚救江厶矣又傳以爲江遠楚近故伐楚救江今狄亦近衛而遠齊其事一也義異何也鄭君釋之曰文三年冬晉陽處父帥師伐楚救江兩舉之者以晉未有救江文故明言之今此春宋公曹伯衛人邾人伐齊夏狄救齊冬邢人狄人伐衛爲其救齊可知故省文耳事同義又何異○近衛如字又附近之近遠齊如字又于萬反爲其于僞反省所景反功近而德遠矣伐衛功近耳夷狄而憂中國其德遠也

十有九年春王三月宋人執滕子嬰齊○夏六月宋公曹人邾人盟于曹南曹南曹之南鄙繒子會盟于邾己酉邾人執繒子用之微國之君因邾以求與之盟與預也○與音豫注及下文同人因已以求與之盟已迎而執之惡之故謹而日之也用之者叩其鼻以衈社也衈者釁也取鼻血以釁祭社器○惡烏路反下惡其長同叩音口衈音二○秋宋人圍曹○衛人伐邢○冬會陳人蔡人楚人鄭人盟于齊會無主名內卑

者也四國稱人外卑者也杜預曰地於齊齊亦與盟○梁亡自亡也湎於酒淫於色心昏耳目塞上無正長之治大臣背叛民爲寇盜梁亡自亡也如加力役焉湎不足道也如使伐之而滅亡則淫湎不足記也使其自亡然後其惡明○湎面善反長丁丈反下及注同背音佩梁亡鄭棄其師我無加損焉正名而已矣梁亡出惡正也正謂政教鄭棄其師惡其長也長謂高克

二十年春新作南門作爲也有加其度也更加使大言新有故也非作也責其改舊制南門者法門也法門謂天子諸侯皆南面而治法令之所出入故謂之法門○夏郜子來朝郜古報反○五月乙巳西宮災謂之新宮則近爲禰宮言閔公非僖公之父故不言新宮也○近附近之近禰乃禮反父廟也以謚言之則如疏之然故不言閔宮而云西宮以是爲閔宮也

○鄭人入滑。○秋，齊人、狄人盟于邢。邢爲主焉爾。邢小，其爲主何也？其爲主乎救齊。十八年邢人狄人伐衛以救齊是也○冬，楚人伐隨。隨，國也。

二十有一年春，狄侵衛。○宋人、齊人、楚人盟于鹿上。宋爲盟主故序齊上鹿上宋地○夏，大旱。傳例曰得雨曰雩不得雨曰旱旱時正也。○秋，宋公、楚子、陳侯、蔡侯、鄭伯、許男、曹伯會于雩。雩宋地雩或爲宇執宋公以伐宋。以，重辭也。傳例曰以者不以者也此傳及定七年齊人執衛行人北宮結以侵衛傳皆曰以重辭也然則以有二義矣國之所重故曰重辭○冬，公伐邾。○楚人使宜申來獻捷。楚稱人者爲執宋公貶捷在接反爲于僞反○捷，軍得也。其不曰宋捷何也？據莊三十一年齊侯來獻戎捷不與楚捷於宋也。不與夷狄捷中國○十有二月癸丑，公會諸侯盟于薄。會雩之諸侯會者，外爲主焉爾。釋宋公，外釋不志，此其志何也？以公之與之盟目之也。不言楚，不與楚專釋也。何休曰：春秋以執之為罪，不以釋之為罪。責楚子專釋，非其理也。公羊以為公會諸侯釋之，故不復出楚耳。鄭君釋之曰：不與楚專釋者，非以責之也。傳云外釋不志，此其志何也？以公之與之盟目之也。言公與諸侯盟而釋宋公，公有功焉，與公羊義無違錯。○復，扶又反。

二十二年，春，公伐邾，取須句。○句，其俱反。夏，宋公、衛侯、許男、滕子伐鄭。○秋，八月，丁未，及邾人戰于升陘。升陘，魯地。内諱敗，舉其可道者也。不言其人，以吾敗也。不言及之者，為内諱也。○為，于偽反。○冬，十有一月，己巳，朔，宋公及楚人戰于泓。○泓，烏宏反。宋師敗績。日事遇朔曰朔。春秋三十有四戰，未有以尊敗乎卑，以師敗乎人者也。以尊敗乎卑，以師敗乎人，則驕其敵。襄公以師敗乎人而不驕其敵何也責之也泓之戰以為復雩之恥也（前年宋公為楚所執）雩之恥宋襄公有以自取之伐齊之喪執滕子圍曹為雩之會不顧其力之不足而致楚成王成王怒而執之故曰禮人而不荅則反其敬愛人而不親則反其仁治人而不治則反其知過而不改又之（又復○知音智又如字復扶又反）是謂之過襄公之謂也古者被甲嬰冑非以興國也則以征無道也豈曰以報其恥哉宋公與楚人戰于泓水之上司馬子反曰楚衆我少鼓險而擊之勝無幸焉（若要而擊之必可破非僥倖也○被皮既反冑直救反司馬子反左傳作子魚要於遙反僥古堯反倖音幸）襄公曰君子不推人危不攻人厄須其出（須其出險○推如字又它回反）既

出旌亂於上陳亂於下子反曰楚衆我少擊之勝
無幸焉襄公曰不鼓不成列列陳○陳直覲反須其成列而
後擊之則衆敗而身傷焉七月而死何休曰即宋公身傷當言公不當言師成十六年楚子敗績是也又成十六年傳曰不言師君重于師也即成十六年是二十二年虛言也即二十二年是十六年非也鄭君釋之曰傳說楚子敗績曰四躰偏斷此則目也此言君之目與手足有破斷者乃爲敗矣今宋襄公身傷耳當持鼓軍事無所害而師猶敗故不言宋公敗績也傳所以言敗衆敗身傷焉者疾其信而不道以取大辱倍則攻敵則戰少則守人
之所以爲人者言也人而不能言何以爲人言之
所以爲言者信也言而不信何以爲言信之所以
爲信者道也信而不道何以爲道道之貴者時其
行勢也凱曰道有時事有勢何貴於道貴合於時何貴於時貴順於勢宋公守匹夫之狷介徒蒙恥於夷狄焉識大通之方至道之術哉○政如字又音貞守如字又手又反狷音絹介音界焉於虔反

二十有三年。春。齊侯伐宋。圍閔。伐國不言圍邑。此其言圍何也。不正其以惡報惡也前十八年宋伐齊之喪是惡也今齊乘勝而報是以惡報惡也○閔左氏作緡二十五年楚圍亦同○夏。五月。庚寅。宋公茲父卒桓公之子襄公茲父之不葬何也。失民也。其失民何也。以其不教民戰。則是棄其師也。爲人君而棄其師。其民孰以爲君哉何休曰所謂教民戰者習之也春秋貴偏戰而惡詐戰宋襄公所以敗于泓者守禮偏戰也非不教其民也孔子曰君子去仁惡乎成名造次必於是顛沛必於是未有守正以敗而惡之也公羊以爲不書葬爲襄公諱背殯出會所以美其有承齊桓尊周室之美志鄭君釋之曰教民習戰而不用是亦不教也詐戰謂不期也既期矣當觀敵爲策倍則攻敵則戰少則守今宋襄公于泓之戰違之又不用其臣之謀而敗故徒善不用賢良不足以興霸主之功徒言不知權譎之謀不足以交鄰國會遠疆故易譏鼎折足詩刺不用良此說善也○而惡烏路反下而惡同惡乎音烏造七報反沛音貝爲襄于僞反背音佩譎音決折之設反刺七賜反○秋。楚人伐陳。○冬。十有一月。杞子卒莊二十七年稱伯今稱子蓋爲時王所黜二十有四年。春。王正月。夏。狄伐鄭。秋。七月。

冬。天王出居于鄭。襄王也天子以天下爲家故所在稱居天子無出。出。失天下也。王者無外言出則有外之辭江熙曰大子必巡守然後行故河陽之守全天王之行也平王東遷其詩不能復雅而列爲國風襄王奔鄭不得全天王之行則與諸侯不異故書出也夫子祖述堯舜憲章文武斯文是作不以道假人傳言失天下闕然如有未備○巡守手又反下同之行如字或下孟反下同復雅扶又反居者。居其所也。雖失天下。莫敢有也。邵曰雖實出奔而王者無外王之所居則成王畿鄭不敢有之以爲國○晉侯夷吾卒。傳曰諸侯時卒惡之也不葬篡文公而立失德○惡烏路反篡初患反

二十有五年。春。王正月。丙午。衛侯燬滅邢。燬之名何也。據宣十二年楚子滅蕭不名○燬況委反不正其伐本而滅同姓也。絕先祖支體尤重故名以甚之○夏。四月。癸酉。衛侯燬卒。○宋蕩伯姬來逆婦。伯姬魯女爲宋大夫蕩氏妻也自爲其子來迎婦○自爲于僞反下爲祖同婦人既嫁不

踰竟。宋蕩伯姬來逆婦。非正也。其曰婦何也。緣姑言之之辭也○宋殺其大夫。其不稱名姓。以其在祖之位。尊之也何休曰曹殺其大夫亦不稱名姓豈可復以為祖乎鄭君釋之曰宋之大夫盡同姓禮公族有罪刑于甸師氏不與國人慮兄弟也所以尊異之孔子之祖孔父累於宋殤公而死今骨肉在其位而見殺故尊之隱而不忍稱名氏若罪大者名之而已使若異姓然此乃祖之疏也曹殺其大夫自以無大夫不稱名氏耳春秋辭同事異者甚多隱去即位以見讓莊去即位為繼弑是復可以比例非之乎○復以扶又反下是復同甸徒徧反累劣偽反去起呂反下同以見賢徧反為繼于偽反又如字○秋楚人圍陳。納頓子于頓。納者。內弗受也。圍。一事也。納。一事也。而遂言之怪其異事而辭相連有似遂事之辭蓋納頓子者陳也圍陳使納頓子○葬衛文公○冬。十有二月。癸亥。公會衛子莒慶。盟于洮衛稱子在喪洮魯地莒無大夫。其曰莒慶何也。以公之會。目之也小國無大夫以公與會故進之時有衛子則無敵公之嫌○與會如字一音預二十有六年。春。王正月。己未。公會莒子衛甯速盟于向。向莒地。○向舒亮反公不會大夫。其曰甯速何也。以其隨莒子。可以言會也。○齊人侵我西鄙。公追齊師至巂。弗及。人。微者也。侵。淺事也。公之追之。非正也。至巂。急辭也。以急辭言之明不至巂。○巂音攜又似兖反弗及者。弗與也。弗與戰也可以及而不敢及也。畏齊師其侵也曰人。其追也曰師。以公之弗及大之也。大之謂變人言師弗及。內辭也。弗及者若曰我自不及耳非齊不可及○夏。齊人伐我北鄙。○衛人伐齊。○公子遂如楚乞師。乞。重辭也。雍曰人道施而不有讓而不取故以乞為重○施舒豉反何重焉。重人之死也。非所乞也。師出不必反。戰不必勝。故重之也。○秋。楚人滅夔。以夔子歸。夔國也。

不曰微國也以歸猶愈乎執也○冬楚人伐宋圍閔伐國不言圍邑此其言圍何也以吾用其師目其事也非道用師也楚人出師爲魯伐齊而中道以伐宋故伐圍兼書所以責楚○爲于僞反中如字又丁仲反公以楚師伐齊取穀以者不以者也民者君之本也使民以其死非其正也雍曰兵不祥之器不得已而用之安有驅民于死地以共假借之役乎○共音恭本又作供假借音嫁又古雅反下子夜反又子亦反公至自伐齊惡事不致此其致之何也危之也以蠻夷之師伐鄰近大國招禍深怨危亡之道

二十有七年春杞子來朝朝直遥反○夏六月庚寅齊侯昭卒昭或作照非○秋八月乙未葬齊孝公○乙巳公子遂帥師入杞○冬楚人陳侯蔡侯鄭伯許男圍宋楚人者楚子也其曰人何也人楚子所以人諸

侯也。其人諸侯何也。不正其信夷狄而伐中國也何休曰哀元年楚子陳侯隨侯許男圍蔡不稱人明不以此故也鄭君釋之曰時晉文爲賢伯故譏諸侯不從而信夷狄也哀元年時無賢伯又何據而當貶之邪甯謂定哀之世楚彊盛故諸侯不得不從耳江熙曰夫屈信理對言信必有屈也宋楚戰于泓宋以信義而敗未有闕也楚復圖之我三人行必有我師諸侯不能以義相帥反信楚之曲屈宋之直是義所不取信曲屈直猶不可況乃華夷乎楚以亡義見貶則諸侯之不從不待貶而見也然則四國信楚而屈宋春秋屈其信而信其屈貶楚子于兵首則彼碌碌者譏斯見矣故曰人楚子所以人諸侯○信音申○十有二月。甲戌。公會諸侯盟于宋地以宋者則宋得與盟宋圍解可知○與音預

二十有八年春。晉侯侵曹。晉侯伐衛。再稱晉侯。忌也鄭嗣曰曹衛並有宿怨于晉君子不念舊惡故再稱晉侯以刺之○刺七賜反下文及注同○公子買戍衛。不卒戍。刺之刺殺也內諱殺大夫故謂之刺蓋取周禮三刺之法先名後刺。殺有罪也。公子啓曰。不卒戍者。可以卒也。可以卒而不卒。譏在公子也。刺之可也公子啓魯大夫○楚人救衛。○三

月。丙午。晉侯入曹。執曹伯畀宋人。入者内弗受也。日入惡入者也。以晉侯而斥執曹伯。惡晉侯也。惡其忌怨深。○畀，必利反，與也，下及注同。惡，烏路反，下文及注同。畀。與也。其曰人何也。不以晉侯畀宋公也。畀上與下之辭，故不以侯畀公。哀四年夏，晉人執戎蠻子赤歸于楚，使楚子治其罪。今執曹伯不言歸于宋而言與宋人者，是使宋公拘執之。○夏四月己巳。晉侯齊師宋師秦師及楚人戰于城濮。楚師敗績。○楚殺其大夫得臣。○衛侯出奔楚。○五月。癸丑。公會晉侯齊侯宋公蔡侯鄭伯衛子莒子。盟于踐土。衛稱子者，時衛侯出奔，國更立君，非王命所加，未成君，故曰子。踐土，鄭地。諱會天王也。實會天王，而文不言天王，若諸侯自共盟然，是諱之也。所謂諱而不正。陳侯如會。如會。外乎會也。於會受命也。外乎會，不及序也。受命于會，故書如會。○公朝于王所。朝不言所。言所者非其所

也非京師朝○六月。衛侯鄭自楚復歸于衛。自楚。楚有奉
焉爾。復者。復中國也。中國猶國中也歸者。歸其所也。鄭之
名。失國也○衛元咺出奔晉○陳侯款卒○秋。杞
伯姬來莊公女來歸寧○公子遂如齊聘也○冬。公會晉侯。宋
公。蔡侯。鄭伯。陳子。莒子。邾子。秦人。于溫陳稱子在喪也諱會
天王也復致天子復扶又反○○天王守于河陽河陽晉地守音狩下同○全天
王之行也時實晉文公召王以臣召君不可以訓因天子有巡守之禮故以自行為文○行如字或下孟反為若
將守而遇諸侯之朝也。為天王諱也。水北為陽。山
南為陽。溫。河陽也日之所昭曰陽為天王于偽反○壬申。公朝于王所
朝於廟。禮也。於外。非禮也諸侯朝王王必於宗廟受之者蓋欲尊祖禰共其榮獨公
朝與諸侯盡朝也。其日。以其再致天子。故謹而日

之主善以内。目惡以外。主善以内謂公朝于王所目惡以外言再致天子○朝與音餘言曰公朝。逆辭也。而尊天子。鄭嗣曰若公朝于廟則當言公如京師而今言公朝是逆常之辭雖逆常而曰公朝王所是尊天子會于溫。言小諸侯。溫。河北地。以河陽言之。大天子也。溫河陽同耳小諸侯故以一邑言之尊天子故以廣大言之日繫於月。月繫於時。壬申。公朝于王所。其不月。失其所繫也。以爲晉文公之行事。爲已傎矣。以臣召君傎倒上下日不繫于月猶諸侯不宗于天子○傎都田反倒丁老反○晉人執衛侯歸之于京師。此入而執。其不言入何也。不外王命於衛也。入者自外來伯者以王命討衛衛王之土故曰不外王命歸之于京師。緩辭也。斷在京師也。辭間容之故言緩○斷丁亂反○衛元咺自晉復歸于衛。自晉。晉有奉焉爾。復者復中國也。歸者歸其所也。○諸侯遂圍許。會溫諸侯許比再會不至故共圍之遂。

繼事也繼事會于温而圍許○曹伯襄復歸于曹三月為晉侯所執今方歸復者復中國也。天子免之。因與之會。其曰復。通王命也免之于宋身未反國因會于許即從反國之辭通王命遂會諸侯圍許。遂。繼事也

二十有九年。春。介葛盧來。介。國也。葛盧。微國之君。未爵者也。其曰來。卑也。介音界國名○公至自圍許。○夏。六月。公會王人。晉人。宋人。齊人。陳人。蔡人。秦人。盟于翟泉翟泉某地○秋。大雨雹雹者陰脅陽臣侵君之象陽氣之在水雨則温熱陰氣薄而脅之不相入轉而成雹○雨于付反雹蒲學反○冬。介葛盧來

三十年。春。王正月。○夏。狄侵齊。○秋。衛殺其大夫元咺。稱國以殺。罪累上也。以是為訟君也。元咺訟君之罪

于伯者君忌之使人殺之而後入案宣九年陳殺其大夫泄冶傳曰稱國以殺其大夫殺無罪也此傳曰稱國以殺罪累上也凡稱國以殺大夫或殺無罪或罪累上參差不同略當近半然則稱國以殺有二義泄冶忠賢而君殺之是君無道也衛侯雖有不德臣無訟君之道元咺之罪亦已重矣然君子之道譬之于射失諸正鵠反求諸身衛侯不思致訟之愆躬自厚之義過而不改而又怨忌上下皆失故曰罪累上○累劣偽反泄息列反冶音也近半附近之近正音征鵠古毒反愆起虔反衛侯在外其以累上之辭言之何也待其殺而後入也及公子瑕瑕累也以尊及卑也○衛侯鄭歸于衛徐邈曰凡出奔歸月執歸不月者齊則國更立主若故君還入必有戰爭禍害所以謹其文執者罪名未定其國猶追奉之歸無犯害故例不月○戰爭爭鬬之爭○晉人秦人圍鄭○介人侵蕭○冬天王使宰周公來聘天子之宰通于四海○公子遂如京師遂如晉以尊遂乎卑此言不敢叛京師也何休曰大夫無遂事案襄十二年季孫宿救台遂入鄆惡季孫不受命而入也如公子遂受命如晉不當言遂鄭君釋之曰遂固受命如京師如晉不專受命如周經近上言天王使宰周公來聘故公

子遂報焉因聘于晉尊周不敢使並命使若公子遂自往然即云公子遂如京師如晉是同周于諸侯叛而不尊天子也公羊傳有美惡不嫌同
辭何獨不廣之於此乎甯謂經同而傳異者甚衆此吾徒所以不及古人也○台士來反又音臺鄆音運惡季孫烏路反美惡烏路反又如字
三十有一年。春。取濟西田。曹田○公子遂如晉。○夏。四
月。四卜郊。謂之郊者天人相與交接之意也不言郊天者不敢斥尊也昔武王既崩成王幼少周公居攝行天子事制禮
作樂終致大平周公薨成王以王禮葬之命魯使郊以彰周公之德祭蒼帝靈威仰昊天上帝魯不祭○少詩照反大音泰 不從。
乃免牲。猶三望。鄭君曰望者祭山川之名也謂海也岱山也淮也非其疆界則不祭禹貢曰海岱及淮惟徐州徐
州魯地 夏四月。不時也。郊春事也 四卜。非禮也。郊春事四卜則入夏 免牲
者。爲之緇衣熏裳。有司玄端。奉送至于南郊。免牛
亦然。玄端里黑衣接神之道玄熏者天地之色也南郊天位歸之于陽也全曰牲傷曰牛牛有變而不郊故卜免牛○熏許云反 乃
者。亡乎人之辭也。亡乎人君曰無賢人也凱曰其猶易稱闃其戶闃其無人詩云巷無居人譏僖公不共致
天變○闃苦鵙反共音恭本亦作恭 猶者。可以已之辭也。望郊之細也不郊無望可也已止也○

秋七月。冬。杞伯姬來求婦。婦人既嫁不踰竟。杞伯姬來求婦非正也。狄圍衛。十有二月。衛遷於帝丘帝丘衛地

三十有二年春王正月。夏四月己丑。鄭伯捷卒○捷在接反○衛人侵狄。秋。衛人及狄盟。冬十有二月己卯。晉侯重耳卒晉自莊公已前不書于春秋又不言文公之入及鄭忽之殺何乎徐邈通之曰案詩序及紀年史記晉昭公之後大亂五世又鄭忽之後有子亹子儀且事出記傳而經所無殊多誠當有不告故不書者諸侯有朝聘之禮赴告之命所以敦其交好通其憂虞若鄰國相望而情志否隔存亡禍福不以相關則它國之史無由得書故告命之事絶則記注之文闕此蓋內外相與之常也魯政雖陵遲而典刑猶存史策所録不失常法其文憲之實足徵故孔子因而脩之事仍本史而辭有損益所以成詳略之例起褒貶之意若夫可以寄微旨而通王道者存乎精義窮理不在記事少多此蓋脩春秋之本旨師資辯説日用之常義故穀梁子可不復發文而體例自舉矣○重直龍反亹亡匪反朝聘直遥反好呼報反否備矣反注張住反不復扶又反

三十有三年。春。王二月。秦人入滑。滑。國也。○齊侯使國歸父來聘。夏。四月。辛巳。晉人及姜戎敗秦師于殽。不言戰。而言敗何也。狄秦也。其狄之何也。秦越千里之險。入虛國。（滑無備故言虛國○殽戶交反）進不能守。退敗其師徒。亂人子女之教。無男女之別。秦之爲狄。自殽之戰始也。（明秦本非夷狄○別彼列反）秦伯將襲鄭。百里子與蹇叔子諫曰。千里而襲人。未有不亡者也。秦伯曰。子之冢木已拱矣。何知。（子之輩皆已老死矣拱合抱也言其老無知○百里子如字或作伯誤也蹇紀輦反拱九勇反合手曰拱）師行。百里子與蹇叔子送其子而戒之曰。女死必於殽之巖唫之下。（其處險隘一人可以要百人○女音汝下及注同唫本作崟音吟一音欽處昌慮反隘於懈反要百於遥反下文要而擊之同）我將尸女於是。（尸女者收女尸）師行。百里子與蹇叔子隨其子而哭之秦伯怒曰何爲哭吾師也二子曰非敢哭師也哭吾子也我老矣彼不死則我死矣畏秦伯怒故云彼我要有死者晉人與姜戎要而擊之殽匹馬倚輪無反者倚輪一隻之輪○倚居宜反或於綺反晉人者晉子也其曰人何也微之也何爲微之不正其釋殯而主乎戰也○癸巳葬晉文公曰葬危不得葬也○狄侵齊○公伐邾取訾樓○訾子斯反○秋公子遂帥師伐邾○晉人敗狄于箕箕晉地○冬十月公如齊十有二月公至自齊○乙巳公薨于小寢小寢內寢小寢非正也非路寢○隕霜不殺草京房易傳曰君假與臣權隕霜不殺草○隕去敏反未可殺而殺舉重也可殺而不殺舉輕也重謂

菽也輕謂草也輕者不死則重者不死可知○李梅實京房易傳曰縱叛者茲謂不明厥妖木冬實實之爲言猶實也實子○晉人。陳人。鄭人。伐許

# 春秋穀梁傳卷第五

經傳陸阡柒伯柒拾捌字

注柒阡零捌拾叁字

音義壹阡捌伯壹拾字

余仁仲刋于家塾

# 春秋穀梁傳文公第六（○襄王二十六年即位名興）

范甯集解

元年。春。王正月。公即位。繼正即位。正也。（繼正謂繼正卒也。隱去即位以見讓，桓書即位示安忍，莊閔僖不言即位皆繼弒。○去起呂反，見賢徧反，弒申志反）○二月。癸亥。日有食之。○天王使叔服來會葬。（諸侯喪天子使大夫會葬禮也。傳例曰天子大夫稱字，蓋未受采邑故不稱氏，字者貴稱，故可獨達也。○貴稱尺證反）葬曰會。（言會明非一人之辭）其志重天子之禮也。○夏。四月。丁巳。葬我君僖公。葬稱公。舉上也。葬我君。接上下也。僖公葬而後舉謚。謚所以成德也。於卒事乎加之矣。○天王使毛伯來錫公命。（毛采邑，伯字也，天子上大夫也。錫星歷反，采地音菜，地本又作邑）禮有受命。無來錫命。錫命非正也。○晉侯伐衛。○叔孫得臣如京師。○衛人

五十三○

伐晉○秋，公孫敖會晉侯于戚。禮，卿不得會公侯。春秋尊魯，内卿大夫可以會外諸侯。戚，衛地○戚，倉寂反○冬，十月，丁未，楚世子商臣弒其君髡。鄭嗣曰：商臣，繆王也。髡，文王之子成王也。不言其父而言其君者，君之於世子，有父之親，有君之尊。言世子所以明其親也，言其君所以明其尊也。商臣於尊親盡矣○弒其申志反，傳同。髡，苦門反。日髡之卒，所以謹商臣之弒也。夷狄不言正不正。徐乾曰：中國君卒，正者例日，篡立不正者不日。夷狄君卒，皆略而不日，所以殊夷夏也。今書日，謹識商臣之大逆，爾不以明髡正與不正○篡，初患反。夏，戶雅反。識，如字，又申志反○公孫敖如齊。

二年，春，王二月，甲子，晉侯及秦師戰于彭衙。彭衙，秦地○衙，音牙。秦師敗績○丁丑，作僖公主。作，爲也。爲僖公主也。爲僖公廟作主也。主蓋神之所馮依，其狀正方，穿中央，達四方。天子長尺二寸，諸侯長一尺○爲僖公，于僞反。馮，皮冰反。長，直亮反，又如字，下同。立主，喪主於虞，禮，平旦而葬，日中反而祭，謂之曰虞，其主用桑。吉主於練。期而小祥，其主用栗。作僖公主，譏其後也。僖公薨至此已十五月。作主。

壞廟有時日。於練焉壞廟。壞廟之道。易檐可也。改塗可也禮親過高祖則毀其廟以次而遷將納新神故示有所加○壞音怪下同檐以占反○三月。乙巳及晉處父盟晉大夫陽處父不言公。處父伉也。爲公諱也諱公與大夫盟去處父氏公親如晉使若與其君盟如經言邾儀父矣不書地者公在晉也莊二十二年秋七月丙申及齊高傒盟于防不去高傒氏者公不親如齊不與其君盟於恥差降○伉苦浪反爲公于僞反去處父起呂反下同傒音兮差初賣反又初佳反何以知其與公盟。以其日也。何以不言公之如晉。所恥也。出不書。反不致也。○夏。六月。公孫敖會宋公。陳侯。鄭伯。晉士縠。盟于垂斂垂斂鄭地○縠戶木反本又作縠九年同斂如字左氏作垂隴內大夫可以會外諸侯。○自十有二月不雨。至于秋七月建午之月猶未爲災歷時而言不雨。文不憂雨也僖公憂民歷一時輒書不雨今文公歷四時乃書是不勤雨也不憂雨者。無志乎民也無恤民志○

八月丁卯大事于大廟躋僖公大事祫也時三年之喪未終而吉祭於大廟則其譏自明○大廟音泰注及傳大祖同躋子兮反升也祫戶夾反下及注皆同大事者何大是事也著祫嘗祫合也嘗秋祭祫祭者毀廟之主陳于大祖未毀廟之主皆升合祭于大祖祫祭者皆合祭諸廟已毀未毀者之主於大祖廟中以昭繆為次序父為昭子為繆昭南鄉繆北鄉孫從王父坐也祭畢則復還其廟○昭繆音韶穆下及傳同鄉音向下同躋升也先親而後祖也逆祀也舊說僖公閔公庶兄故文公升僖公之主於閔公之上耳僖公雖長已為臣矣閔公雖小已為君矣臣不可以先君猶子不可以先父故以昭穆父祖為喻○甯曰即之於傳則無以知其然若引左氏以釋此傳則義雖有似而於文不辨高宗殷之賢主猶祭豐于禰以致雉雊之變然後率脩常禮文公傎倒祖考固不足多怪矣親謂僖祖謂莊○長丁丈反先悉薦反下同禰乃禮反雊古豆反雉鳴也傎倒丁田反下丁老反逆祀則是無昭穆也無昭穆則是無祖也無祖則無天也故曰文無天無天者是無天而行也祖人之始也人之所仰天也君子不以親親害尊尊此

春秋之義也尊卑有序不可亂也○冬晉人宋人陳人鄭人伐秦○公子遂如齊納幣喪制未畢而納幣書非禮

三年春王正月叔孫得臣會晉人宋人陳人衛人鄭人伐沈沈潰沈國也潰之爲言上下不相得○沈音審潰户内反○夏五月王子虎卒叔服也此不卒者也外大夫不書卒何以卒之以其來會葬我卒之也會葬在元年或曰以其嘗執重以守也僖二十四年天王出居于鄭叔服執重任以守國○守手又反○秦人伐晉○秋楚人圍江○雨螽于宋外災不志此何以志也曰災甚也其甚奈何茅茨盡矣茅茨猶盡則嘉穀可知茨蒺藜○雨螽于付反下同下音終茨在思反亦草也著於上見於下謂之雨○見賢徧反○冬公如晉○十有二月己巳公及晉侯盟○晉陽處父帥師伐楚救

江。此伐楚，其言救江何也？江遠楚近，伐楚所以救江也。時楚人圍江，晉師伐楚，楚國有難，則江圍自解。○難，乃旦反。解音蟹，又古買反。

四年春，公至自晉。○夏，逆婦姜于齊。其曰婦姜，爲其禮成乎齊也。婦禮成于齊，故在齊便稱婦。○爲，于僞反。其逆者誰也？親逆而稱婦，或者公與？何其速婦之也？鄭嗣曰：皆問者之辭。問者以使大夫逆例稱女，而今稱婦，爲是公親逆與？怪稱婦速，故反覆推之。○公與，音餘，注同。反覆，芳服反。曰：公也。其不言公何也？據莊二十四年公如齊逆女言公。非成禮於齊也。非責。曰婦，有姑之辭也。其不言氏何也？貶之也。何爲貶之也？夫人與有貶也。邵曰：夫人能以禮自防，則夫婦之禮不成於齊，故譏公而夫人與焉。○與音豫，注同。貶，彼撿反。○狄侵齊。○秋，楚人滅江。○晉侯伐秦。○衛侯使甯俞來聘。○俞，羊朱反。○冬十有一月壬寅，夫人風氏薨。僖公母，風姓。

五年，春，王正月，王使榮叔歸含且賵。含口實也禮記曰飯用米貝弗忍虛也諸侯含用玉榮叔天子之上大夫也榮采地叔字○含户暗反賵舊作唅賵芳鳳反飯扶晩反含一事也，賵一事也，兼歸之，非正也。禮含賵襚各異人○襚音遂其曰且，志兼也。其不言來，不周事之用也。何休曰四年夫人風氏薨九年秦人來歸僖公成風之襚最晩矣何以言來鄭君釋之曰秦自敗于殽之後與晉爲仇兵無休時乃加免繆公之喪而來君子原情不責晩用或作辭○殽户交反賵以早，乘馬曰賵乘馬所以助葬成風未葬故書早○乘繩證反下同而含以晩。已殯故言晩國有遠近皆令及事理不通也禮雜記曰含者執璧將命曰寡君使某含相者入告出曰孤某須矣含者入升堂致命子拜稽顙含者坐委於殯東南有葦席既葬蒲席降出反位明君之於臣有含賵之義所以助喪盡恩含不必用示有其禮○令力呈反相息亮反稽音啓下息黨反葦于鬼反○三月，辛亥，葬我小君成風。王使毛伯來會葬。會葬之禮於鄙上。從竟至墓主爲送葬來○竟音境爲于僞反○夏，公孫敖如晉。○秦人入鄀。○鄀音若○秋，楚人滅六。○冬，十月，甲申，許男業

卒

六年。春。葬許僖公。○夏。季孫行父如陳。行父季友孫○秋。

季孫行父如晉。○八月。乙亥。晉侯驩卒。○驩好官反○冬。

十月。公子遂如晉。○葬晉襄公。○晉殺其大夫陽

處父。稱國以殺罪累上也。襄公已葬其以累上之

辭言之何也。君漏言也。上泄則下闇。下闇則上聾。

且闇且聾。無以相通。臣闇不言君無所聞上下否塞○累劣偽反下同或如字泄息列反又以制反聾曾公反

夜姑殺者也。殺處父○左氏作射姑夜姑之殺奈何。曰。晉將與

狄戰。使狐夜姑爲將軍。趙盾佐之。陽處父曰。不可。

古者君之使臣也。使仁者佐賢者。不使賢者佐仁

者。今趙盾賢。夜姑仁。其不可乎。郘曰賢者多才也戰主于攻伐仁者有惻隱之恩不

如多才者有權略○盾徒本反攻如字又音貢惻初力反襄公曰。諾。謂夜姑曰。吾始使盾佐女。今女佐盾矣。稱處父語以語之故傳曰漏言也○女音汝語魚慮反夜姑曰。敬諾。襄公死。處父主竟上之事。待諸侯會葬在鄙上○竟音境夜姑使人殺之。君漏言也。親殺者夜姑而歸罪於君明由君言而殺之罪在君也故稱君以殺故士造辟而言。詭辭而出。辟君也詭辭而出不以實告人○造七報反辟必亦反君也注同詭九委反曰。用我則可。不用我則無亂其德。此士對君言之辭○晉狐夜姑出奔狄。○閏月不告月。猶朝于廟。禮天子以十二月朔政班告于諸侯諸侯受於禰廟孝子尊事先君不敢自專也言朝者緣生以事死親存朝朝莫夕不敢泄鬼神故事畢感月始而朝之○猶朝直遥反注及下同朝朝上如字下直遥反莫音暮泄息列反不告月者何也。不告朔也。不告朔則何爲不言朔也。閏月者。附月之餘日也。積分而成於月者也。一歲三百六十日餘六日又有小月六積五歲得六十日而再閏積衆月之餘分以成此月天

之十四○
子不以告朔而喪事不數也閏是叢最殘之數非月之正故吉凶大事皆不用也○不數所古反叢最徂洪反猶之爲言可以已也郊然後三望告朔然後朝廟俱言猶義相類也既發其大而行其細故譏之

七年春公伐邾三月甲戌取須句取邑不日此其日何也據僖二十六年公伐齊取穀不日○須句其俱反不正其再取故謹而日之也僖二十二年公已伐邾取須句過而不改於此爲甚故録日以志之遂城郚遂繼事也因伐邾之師○郚音吾○夏四月宋公壬臣卒○壬本或作王臣○宋人殺其大夫稱人以殺誅有罪也○戊子晉人及秦人戰于令狐令狐秦地○令力丁反晉先蔑奔秦不言出在外也輟戰而奔秦以是爲逃軍也輟止也爲將而獨奔故曰逃軍○輟丁劣反將子匠反○狄侵我西鄙○秋八月公會諸侯晉大夫盟

于郿郿鄭地○郿音戶其曰諸侯略之也晉侯新立公始往會晉侯不盟大夫受盟既以喪婁又取二邑爲諸侯所賤不得序于會諱使若郿之盟都不可知故略之○喪取七住反本亦作要○冬徐伐莒○公孫敖如莒莅盟莅位也其曰位何也前定也其不日前定之盟不日也

八年春王正月○夏四月○秋八月戊申天王崩襄王○冬十月壬午公子遂會晉趙盾盟于衡雍衡雍鄭地○雍於用反○乙酉公子遂會雒戎盟于暴鄭地○雒戎音洛本或作伊雒之戎誤○公孫敖如京師弔周喪不至而復丙戌奔莒○不言所至未如也若其已行當如公子遂至黄乃復今不言所至而直言復知其實未如也未如則未復也未如而曰如不廢君命也雍曰受命而出義無私留書如京師以顯命行于下不書所至以表不去之罪未復而曰復不專君命也復者事畢之辭未如

故知其未復加毋事之文者言君命無輒專之道　其如非如也其復非復也唯奔莒之爲信故謹而日之也○螽○宋人殺其大夫司馬司馬官也其以官稱無君之辭也何休曰近上七年宋公壬臣卒宋人殺其大夫不言官今此在三年中言官義相違鄭君釋之曰七年殺其大夫此實無君也今殺其司馬無人君之德耳司馬司城君之爪牙守國之臣乃殺其司馬奔其司城無道之甚故稱官以見輕慢也傳例稱人以殺殺有罪也此上下俱失之○見賢遍反○宋司城來奔司城官也其以官稱無君之辭也來奔者不言出舉其接我也

九年春毛伯來求金求金求車猶可求金甚矣凱曰求俱不可在喪尤甚不稱使者天子當喪未君也○夫人姜氏如齊歸寧○二月叔孫得臣如京師京大也師衆也言周必以衆與大言之也○辛丑葬襄王天子志崩不志葬舉天下而葬

一人其道不疑也志葬危不得葬也[不得備禮葬]日之甚矣其不葬之辭也[王室微弱諸侯無復往會葬○復扶又反]○晉人殺其大夫先都○三月夫人姜氏至自齊卑以尊致病文公也[夫人行例不致乃以君禮致刺公寵之過○刺七賜反]○晉人殺其大夫士縠及箕鄭父稱人以殺誅有罪也鄭父累也[○箕居其反]○楚人伐鄭○公子遂會晉人宋人衛人許人救鄭○夏狄侵齊○秋八月曹伯襄卒○九月癸酉地震震動也地不震者也震故謹而日之也[穀梁說曰大臣盛將動有所變]○冬楚子使萩來聘楚無大夫[無命卿○萩子遥反又子小反或作菽左氏作椒]其曰萩何也以其來我褒之也○秦人來歸僖公成風之襚秦人弗夫人也[言秦人弗以成風爲夫人故不言夫人]

即外之弗夫人而見正焉見不以妾爲妻之正○而見賢徧反○葬曹共公○共音恭

十年春王三月辛卯臧孫辰卒○夏秦伐晉○楚殺其大夫宜申僖四年傳曰楚無大夫而今云殺其大夫者楚本祝融之後季連之胄也而國近南蠻遂漸其俗故棄而夷之今知內附中國亦轉強大故進之○胄直又反國近附近之近○自正月不雨至于秋七月歷時而言不雨文不閔雨也不閔雨者無志乎民也○及蘇子盟于女栗女栗某地蘇子周卿士○女音汝○冬狄侵宋○楚子蔡侯次于厥貉厥貉某地也○貉亡白反

十有一年春楚子伐麇○麇九倫反○夏叔彭生會晉郤缺于承匡承匡宋地○缺苦悅反○秋曹伯來朝○朝直遙反○公子遂如宋○狄侵齊○冬十月甲午叔孫得臣敗狄

于鹹。不言帥師而言敗何也據僖元年公子友帥師敗莒師于麗獲莒挐稱帥師○敗必邁反鹹音咸麗力知反挐女居反直敗一人之辭也。一人而曰敗何也。以衆焉言之也言其力足以敵衆傳曰。長狄也。弟兄三人佚宕中國佚猶更也○佚宕大結反更也害本又作宕更音庚瓦石不能害肌膚堅強瓦石打擿不能虧損○強其丈反擿直隻反叔孫得臣。最善射者也。射其目。身橫九畝廣一步長百步爲一畝九畝五丈四尺○射其食亦反下注同廣古曠反長直亮反斷其首而載之。眉見於軾兵車之軾高三尺二寸○斷丁管反見賢徧反軾音式然則何爲不言獲也據莒挐言獲曰。古者不重創。不禽二毛。故不言獲。爲内諱也不重創恤病也不禽二毛敬老也仁者造次必於是顛沛必於是故爲内諱也既射其目又斷其首爲重創鬢髮斑白爲二毛○重直用反注同創初羊反爲内于僞反造七報反沛音貝其之齊者。王子成父殺之。則未知其之晉者也

七召七十九

卷六

十有二年。春。王正月。郕伯來奔。郕音成〇杞伯來朝。僖二十七年稱子今稱伯蓋時王所進〇朝直遥反〇二月庚子，子叔姬卒。其曰子叔姬，貴也。公之母姊妹也。同母姊妹其一傳曰：許嫁以卒之也。男子二十而冠，冠而列丈夫。三十而娶。女子十五而許嫁，二十而嫁。禮二十而冠冠而在丈夫之列譙周曰國不可以無儲貳故天子諸侯十五而冠十五而娶娶必先冠以夫婦之道王教之本不可以童子之道治之禮十五爲成童以次成人欲人君之早有繼體故因以爲節書稱成王十五而冠著在金縢周禮媒氏曰令男三十而娶女二十而嫁內則云女子十五而笄說曰許嫁也是故男自二十以及三十女自十五以及二十皆得以嫁娶先是則速後是則晩凡人嫁娶或以賢淑或以方類豈但年數而已若必差十年乃爲夫婦是廢賢淑方類苟比年數而已禮何爲然哉則三十而娶二十而嫁說嫁娶之限蓋不得復過此爾故舜年三十無室書稱曰鰥周禮云女子年二十未有嫁者仲春之月奔者不禁奔者不待禮聘因媒請嫁而已矣奔謂禮爲夫之娣妹服長殤年十九至十六如此男不必三十而娶女不必二十而嫁明矣此又士大夫之禮〇冠江喚反娶七住反譙在遥反笄古兮反先是蘇徧反後是户豆反比毗至反或如字得復扶又反鰥古頑反禮爲于僞反服長丁丈反○夏楚人圍巢○秋滕子來朝○秦伯使術來聘術秦大夫○術音述○冬十有二月戊午晉人秦人戰于河曲河曲晉地不言及秦晉之戰已亟故略之也亟數也夫戰必有曲直以一人主之二國戰鬬數曲直不可得詳故略之不言晉人及秦人戰○亟去冀反數也注同○季孫行父帥師城諸及鄆○稱帥師言有難也○難乃旦反

十有三年○春王正月○夏五月壬午陳侯朔卒○邾子蘧篨卒○蘧其居反篨直居反○自正月不雨至于秋七月○大室屋壞屋者主於覆蓋明廟不都壞○大音泰傳皆同大室屋壞者有壞道也○譏不脩也○大室猶世室也世世有是室故言世室周公曰大廟爾雅曰室有東西廂曰廟伯禽曰大室○羣公曰宮爾雅曰宮謂之室室謂之宮然則其實一也蓋尊伯禽而異其名禮○宗廟之事○君親割割牲夫人親

舂（舂粢盛）敬之至也。爲社稷之主。而先君之廟壞。極稱之。志不敬也。（極稱言屋壞不復依違其文○復扶又反）○冬。公如晉。○衛侯會公于沓。（沓地也○沓徒荅反）○狄侵衛。○十有二月。己丑。公及晉侯盟。還自晉。還者。事未畢也。自晉。事畢也。○鄭伯會公于棐。（棐鄭地○棐芳匪反）

十有四年。春。王正月。公至自晉。○邾人伐我南鄙。○叔彭生帥師伐邾。○夏。五月。乙亥。齊侯潘卒。（潘浦干反）○六月。公會宋公。陳侯。衛侯。鄭伯。許伯。曹伯。晉趙盾。○癸酉。同盟于新城。（新城宋地）同者。有同也。同外楚也。○秋。七月。有星孛入于北斗。孛之爲言。猶茀也。其曰入北斗。斗有環域也。（據孛于大辰及東方皆不言入此言入者明斗有規郭入其魁中也劉向曰北斗貴星入君之象也茀星亂臣之類言邪亂之臣將並弑其君○孛步內反茀李執扶憒反徐邈扶勿反一音步勿反又音弗邪似嗟反弑音試○公至自會○晉人納捷菑于邾婁弗克納是郤克也其曰人何也微之也何爲微之也長轂五百乘緜地千里長轂兵車四馬曰乘一乘甲士三人步卒七十二人五百乘合三萬七千五百人緜猶彌漫○捷菑在接反下側其反轂古木反乘繩證反卒子忽反過宋鄭滕薛夐入千乘之國欲變人之主夐猶遠也變人之主謂時邾已立貜且邾小國而言千乘者大郤克之事○夐況盛反至城下然後知何知之晚也征不廟筭弃正其得失勞師遠涉乃至城下邾以義拒然後方悟服之曰人不亦宜乎○悟五故反弗克納未伐而曰弗克何也弗克其義也非力不足義不可勝捷菑晉出也貜且齊出也姊妹之子曰出貜且正也捷菑不正也正適○適丁歷反○九月甲申公孫敖卒于齊奔大夫不言卒而言卒何也據閔二年公子慶父出奔莒後不言卒爲

受其喪。不可不卒也。其地。於外也 成十七年公孫嬰齊卒于貍蜃傳曰其地未踰竟宣八年仲遂卒于垂垂齊地然則地或踰竟或未踰竟凡大夫卒在常所則不地地者皆非其常所隨其所在而書其地耳不係於踰竟與不踰竟○爲于僞反貍力之反蜃市軫反竟音境並同 ○齊公子商人弒其君舍。舍未踰年。其曰君何也。成舍之爲君。所以重商人之弒也 舍不成君則殺者非弒也○殺其音試本又作弒 商人其不以國氏何也 據隱四年衛祝吁弒其君完不言公子 不以嫌代嫌也 春秋以正治不正不以亂平亂舍不宜立有不正之嫌商人專權有當國之嫌故不書國氏明不以嫌相代 舍之不日何也。未成爲君也。○宋子哀來奔。其曰子哀。失之也 言失其氏族不知何人 ○冬。單伯如齊 單伯魯大夫○單音善 齊人執單伯。私罪也。單伯淫于齊。齊人執之。齊人執子叔姬。叔姬同罪也

十有五年。春。季孫行父如晉。○三月。宋司馬華孫

來盟（泰曰擅權專國不君其君緣其不臣因曰無君上司馬司城皆不名而此獨名者以華孫奉使出盟爲好於我故書官以見專錄名以存善○華户化反使所吏反好呼報反見賢徧反）司馬官也其以官稱無君之辭也來盟者何前定也不言及者以國與之也（○稱尺證反年末注同）○夏曹伯來朝（○朝直遥反）○齊人歸公孫敖之喪○六月辛丑朔日有食之鼓用牲于社○單伯至自齊大夫執則致致則名此其不名何也（據昭十四年意如至自晉稱名）天子之命大夫也○晉郤缺帥師伐蔡戊申入蔡○秋齊人侵我西鄙其曰鄙遠之也其遠之何也不以難介我國也（介猶近也○難乃旦反介音界注同）○季孫行父如晉○冬十有一月諸侯盟于扈（諸侯皆會而公獨不與故恥而略之）○十有二月齊人來歸子叔姬其曰子叔姬貴之也

其言來歸何也。父母之於子，雖有罪，猶欲其免也。凱曰書來歸是見出之辭有罪之人猶與貴稱書之曰子者蓋父母之恩欲免罪也○齊侯侵我西鄙，遂伐曹，入其郛。郛郭○郛芳浮反

十有六年，春，季孫行父會齊侯于陽穀，齊侯弗及盟。弗及者，內辭也。行父失命矣，齊得內辭也。行父出會失辭義無可納故齊侯以正道拒而弗受不盟由齊故得內辭○夏，五月，公四不視朔。天子告朔于諸侯，諸侯受乎禰廟，禮也。每月天子以朔政班于諸侯諸侯受而納之禰廟告廟以羊今公自二月不視朔至于五月是後視朔之禮遂廢故子貢欲去其羊○去起呂反公四不視朔。公不臣也，以公為厭政以甚矣。天子班朔而公不視是不臣○厭於豔反○六月，戊辰，公子遂及齊侯盟于師丘。師丘齊地○師丘左氏作郪丘公羊作犀丘復行父之盟也。春齊侯不與行父盟故復使遂脩之○復行扶又反又音服注復使及下注而復皆

同○秋八月辛未夫人姜氏薨僖公夫人○毀泉臺喪不貳事貳事緩喪也喪事主哀而復毀泉臺是以喪爲緩以文爲多失道矣緩作主躋僖公四不視朔毀泉臺之類自古爲之今毀之不如勿處而已矣若以夫人居之而薨者但當莫處○楚人秦人巴人滅庸○冬十有一月宋人弑其君杵臼泰曰傳稱人者衆辭衆之所同則君過可知又曰稱國以弑其君君惡甚矣然則舉國重於書人也○杵昌呂反臼其九反

十有七年春晉人衛人陳人鄭人伐宋衛序陳上蓋主會者降之○夏四月癸亥葬我小君聲姜○齊侯伐我西鄙○六月癸未公及齊侯盟于穀○諸侯會于扈言諸侯者義與上十五年同○范云言諸侯者義與上十五年同亦諸侯皆會公獨不與恥而略之○秋公至自穀○冬公子遂如齊

十有八年。春王二月。丁丑。公薨于臺下。臺下。非正也。秦伯罃卒。罃乙耕反○夏。五月。戊戌。齊人弑其君商人。六月。癸酉。葬我君文公。秋。公子遂。叔孫得臣。如齊。使舉上客而不稱介。不正其同倫而相介。故列而數之也。上客聘主也禮大夫爲卿介遂與得臣俱爲卿是以同倫爲副使故兩言之明無差降○使舉所吏反注同介音界下同副使也數所主反○冬。十月。子卒。子赤也諸侯在喪既葬之稱子卒不日。故也。故殺也不稱殺諱也○夫人姜氏歸于齊。惡宣公也。姜氏子赤之母其子被殺故大歸也宣公亦文公之子其母敬嬴惡不奉姜氏○惡烏路反注同嬴音盈依左傳應作頃熊有不待貶絕而罪惡見者。泰曰直書姜氏之歸則宣公罪惡不貶而自見有待貶絕而惡從之者。齊小白以國氏之類是也姪娣者。不孤子之意也。言其一人有子則共養○姪大結反娣音弟共養並如字一讀上九用反下餘亮反一人有子。三人緩帶。共望其祿

一曰就賢也若並有子則就其賢謂年同也宜公不奉哀姜非此之謂故惡之○季孫行父如齊○莒弑其君庶其傳例曰稱國以弑其君君惡甚矣

春秋穀梁卷第六

經傳叁阡貳伯字

注叁阡壹伯玖拾伍字

音義壹阡單伍字

余仁仲刋于家塾

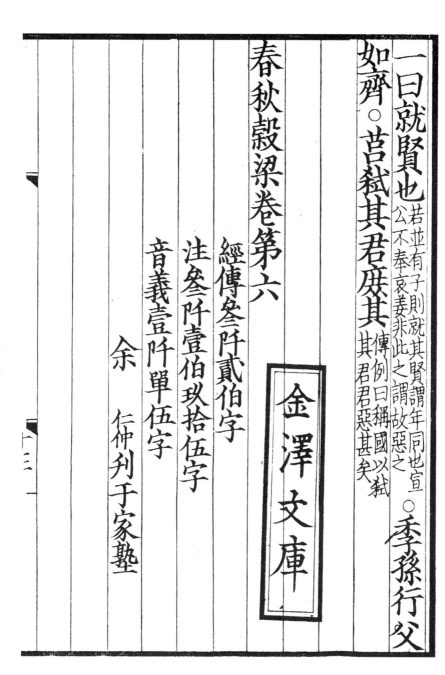

春秋穀梁傳宣公第七 ○名捷子赤庶兄匡王五年即位

范甯集解

元年。春。王正月。公即位。繼故而言即位。與聞乎故也 ○與門音豫下注亦同 ○公子遂如齊逆女 譏喪娶者不待貶絕而罪惡自見桓三年傳曰逆女親者也使大夫非正也 ○自見賢徧反 三月。遂以夫人婦姜至自齊。其不言氏。喪未畢。故略之也 夫人不能以禮自固故與有貶 其曰婦。緣姑言之之辭也。遂之挈由上致之也 上謂宣公挈苦結反 ○夏。季孫行父如齊 ○晉放其大夫胥甲父于衛。放猶屏也 屏除 稱國以放。放無罪也 ○公會齊侯于平州 平州齊地離會故不致 ○公子遂如齊 ○六月。齊人取濟西田。內不言取。言取。授之也。以是為賂齊也 宣公弒立賂齊以自輔恥賂之故書齊取 ○秋，邾子來朝。○朝，直遥反。○楚子、鄭人侵陳，遂侵宋。遂，繼事也。○晉趙盾帥師救陳。善救陳也。○盾，徒本反。○宋公、陳侯、衛侯、曹伯會晉師于棐林，伐鄭。棐林，鄭地。○棐，芳尾反，又音匪。列數諸侯而會晉趙盾，大趙盾之事也。大其衛中國攘夷狄。○數，所主反。攘，而羊反。其曰師何也？據言會晉師，不言會晉趙盾。以其大之也。以諸侯大趙盾之事，故言師。師者，衆大之辭。于棐林，地而後伐鄭，疑辭也。此其地何？則著其美也。泰曰：夫救災恤患，其道宜速，而方云會于棐林，然後伐鄭，狀似伐鄭有疑，須會乃定。曰非也，欲美趙盾之功，故詳録其會地。○冬，晉趙穿帥師侵崇。○穿，音川。○晉人、宋人伐鄭。伐鄭，所以救宋也。時楚鄭侵宋。

二年，春，王二月，壬子，宋華元帥師及鄭公子歸生帥師戰于大棘，宋師敗績，獲宋華元。大棘，宋地。華，户化反。○獲者。不與之辭也華元得衆甚賢故不與鄭獲之言盡其衆以救其將也先言敗績而後言獲知華元得衆心軍敗而後見獲晉與秦戰于韓未言敗績而君已獲知晉侯不得衆心明矣○盡子忍反以三軍敵。華元。華元雖獲。不病矣何休曰書獲皆生獲也如欲病華元當有變文鄭君釋之曰將帥見獲師敗可知不當復書師敗績此所以言之者明宋師懼華元見獲皆竭力以救之無奈不勝敵耳華元有賢行得衆如是雖師敗身獲適明其美不傷賢行今兩書敗獲非變文如何○秦師伐晉。○夏。晉人。宋人。衛人。陳人。侵鄭。○秋。九月。乙丑。晉趙盾弑其君夷皋。穿弑也穿趙盾從父昆弟盾不弑而曰盾弑何也。以罪盾也。其以罪盾何也。曰。靈公朝諸大夫而暴彈之暴殘暴○朝直遥反彈徒丹反又徒旦反觀其辟丸也。趙盾入諫不聽。出亡至於郊禮三諫不聽則去待放於竟三年君賜之環則還賜之玦則往必三年者古疑獄三年而後斷易曰繼用徽纆示于叢棘三歲不得凶是也自嫌有罪當誅故三年不敢去○辟音避竟音境玦古穴反杜元凱云如環而不連斷丁亂反徽許歸反纆亡北反徽纆皆緪也三股曰徽兩股曰纆趙穿弑公而後反趙盾招使還史狐書賊曰。趙盾弑公。史國史掌書記事狐其名盾曰。天乎天乎。予無罪。告天言已無弑君之罪孰爲盾而忍弑其君者乎廻已易他誰作盾而當忍弑君者乎○孰爲盾絶句孰誰也史狐曰。子爲正卿。入諫不聽。出亡不遠。君弑反不討賊。則志同。志同穿也志同則書重。非子而誰盾是正卿又賢故言重故書之曰。晉趙盾弑其君夷皐者。過在下也。鄭嗣曰成十八年晉弑其君州蒲傳曰稱國以弑其君君惡甚矣然則稱臣以弑罪在臣下也趙盾弑其君不言罪而曰過者言非盾親弑有不討賊之過○惡甚如字又烏路反曰。於盾也。見忠臣之至。於許世子止。見孝子之至。郤曰盾以亡不出竟反不討賊受弑君之罪忠不至故也止以父病不知嘗藥受弑父之罪孝不至故也○見忠賢徧反或如字下同○冬。十月。乙亥。天王崩。匡王也

三年。春。王正月。郊牛之口傷。之口。緩辭也。傷自牛

作也牛自傷口非備災之道不至也故以緩辭言之改卜牛。牛死。乃不郊。事之變也牛無故自傷其口易牛改卜復死乃廢郊禮此事之變異○復扶又反乃者。亡乎人之辭也譏宣公不恭致天變猶三望。○葬匡王。○楚子伐陸渾戎渾戶門反又戶困反○夏楚人侵鄭。○秋赤狄侵齊。○宋師圍曹。○冬十月丙戌鄭伯蘭卒。○葬鄭穆公

四年春王正月公及齊侯平莒及郯莒人不肯及者。內為志焉爾。平者成也。不肯者可以肯也凱曰君子不念舊惡况為大國所和乎○郯音談國名也公伐莒取向向莒邑向書亮反○伐猶可取向甚矣以義兵討不平未若不用兵以義使平者也故曰猶可也莒人辭不受治也乘義取邑所以不服伐莒義兵也討不釋怨取向非也。乘義而為利也為如字又于偽反○秦伯稻卒。○夏六月乙酉鄭公子歸生弒

其君夷。赤狄侵齊。秋，公如齊，公至自齊。冬，楚子伐鄭

五年，春，公如齊。夏，公至自齊。秋，九月，齊高固來逆子叔姬，諸侯之嫁子於大夫，主大夫以與之婚禮主人設几筵于廟以待迎者諸侯大夫尊卑不敵故使大夫爲之主。迎魚敬反來者，接內也，不正其接內，故不與夫婦之稱也來者謂高固高固齊之大夫而今與君接婚姻之禮故不言逆女。稱尺證反。叔孫得臣卒。冬，齊高固及子叔姬來。及者，及吾子叔姬也，爲使來者，不使得歸之意也高固受使來聘而與婦俱歸故書及以明非禮莊二十七年冬杞伯姬來僖二十八年秋杞伯姬來皆不言所及是使得歸之意。受使所吏反。楚人伐鄭

六年，春，晉趙盾、衞孫免侵陳，此帥師也，其不言帥

師何也據元年趙盾帥師救陳言帥師也不正其敗前事故不與帥師也元年救而今更侵之○夏四月○秋八月螽音終○冬螽○冬十月

七年春衛侯使孫良夫來盟來盟者前定也不言及者以國與之不言其人亦以國與之不日前定之盟不日○夏公會齊侯伐萊萊音來國名○秋公至自伐萊○大旱○冬公會晉侯宋公衛侯鄭伯曹伯于黑壤黑壤其地壤人丈反○

八年春公至自會○夏六月公子遂如齊至黃乃復蓋有疾而還黃齊地乃者亡乎人之辭也鄭嗣曰大夫受命而出雖死以尸將事今遂以疾而還失禮違命故曰亡乎人言當使不得其人也復者事畢也不專公命也遂以疾反而加事畢之文者是不使遂專命還○辛巳有事于大廟大音泰下注同仲遂卒于

垂祭于大廟之日而知仲遂卒于垂齊地爲若反命而後卒也先書復後言卒使若遂已反命于君而後卒于垂此公子也。其曰仲何也。疏之也僖十六年傳曰大夫不言公子公孫疏之也何爲疏之也。是不卒者也遂與宣公共弑子赤不疏。則無用見其不卒也若書公子則與正卒者同故去公子以見之。○見其賢徧反注同故去起呂反下文及注同則其卒之何也據公子翬不書卒○翬許韋反以譏乎宣也。其譏乎宣何也。聞大夫之喪。則去樂卒事去籥萬卒祭事言今不然壬午。猶繹。猶者。可以已之辭也。繹者。祭之旦日之享賓也。萬入去籥萬舞名籥管也○繹音亦爾雅云又祭也享許丈反籥餘若反管也以其爲之變。譏之也內舞去籥惡其聲聞此爲卿變於常禮是知其不可而爲之○爲之于僞反注爲卿變同惡其烏路反

○戊子。夫人熊氏薨宣公妾母○左氏作嬴氏○晉師白狄伐秦

○楚人滅舒鄝○舒鄝音了本又作蓼國名也○秋。七月。甲子。日有

食之既○冬十月己丑葬我小君頃熊文夫人姜氏大歸于齊故宣公立已妾母爲夫人君以夫人禮卒葬之故主書者不得不以爲夫人義與成風同○頃熊音傾左氏作敬嬴雨不克葬○葬既有日不爲雨止禮也雨不克葬喪不以制也徐邈曰案經文是已丑之日葬喪既出而遇雨若未及已丑而却期無爲逆書此日葬禮喪事有進無退又士喪禮有潦車載蓑笠則人君之張設固兼備矣禮先遷柩於廟其明昧爽而引既及葬日之晨則祖行遣奠之禮設矣故雖雨猶終事不敢停柩久次○不爲于僞反潦音老蓑素禾反笠音立張如字又陟亮反柩其又反尸在棺曰柩昧音妹引以刃反又如字遣奠弃戰反庚寅日中而克葬○而緩辭也足乎日之辭也○城平陽○楚師伐陳

九年春王正月公如齊有母之喪而行朝會非禮○朝直遥反○公至自齊○夏仲孫蔑如京師○齊侯伐萊○秋取根牟○八月滕子卒○九月晉侯宋公衛侯鄭伯曹伯會

于扈○晉荀林父帥師伐陳○辛酉晉侯黑臀卒
于扈其地於外也其日未踰竟也外謂國都之外諸侯卒於路寢則不地傳
例曰諸侯正卒則日不正則不日舊說踰竟亦不日然則諸侯不正而與未踰竟無以別之矣案襄七年鄭伯卒于操此年晉侯卒于扈文正
與襄二十六年許男卒於楚同恐後人謂操扈是國故於疑似之際○每爲發傳曰未踰竟也○臀徒門反竟音境以別彼列反操七報反
冬十月癸酉衛侯鄭卒○宋人圍滕○楚子伐鄭
○晉郤缺帥師救鄭○郤去逆反缺傾雪反○陳殺其大夫泄冶
○泄息列反冶音也稱國以殺其大夫殺無罪也泄冶之無罪
如何陳靈公通于夏徵舒之家公孫寍儀行父亦
通于其家二人陳大夫○夏戶雅反或衣其衣或衷其襦衷者襦在衷也○衣
其衣上於既反下如字襦而朱反在衷本又作裏音里以相戲於朝○朝直遥反泄冶聞
之入諫曰使國人聞之則猶可使仁人聞之則不

可君愧於泄冶不能用其言而殺之

十年春公如齊公至自齊齊人歸我濟西田公娶齊齊由以爲兄弟反之齊由以婚族故還曾田爾雅釋親曰婦之黨爲婚兄弟○娶七住反不言來公如齊受之也○夏四月丙辰日有食之○

己巳齊侯元卒傳例曰言日不言朔食晦日則此丙辰晦之日也己巳在晦日之下五月之上推尋義例當是閏月矣文六年傳曰閏月者附月之餘日言閏承前月而受其餘日故書閏月之日繫前月之下蓋史策常法文有定例閏有常體無嫌不明故不復每月發傳哀五年公羊傳曰閏月不書此何以書推此言之則春秋固有在閏月而不冠以閏者矣至於閏不告月猶朝于朝閏月葬齊景公不正其閏無以言其事故書見變禮○不復扶又反下注復同不冠工亂反猶朝直遙反見變賢徧反○齊崔氏

出奔衛氏者舉族而出之之辭也何休曰氏者譏世卿也即稱氏爲舉族而出尹氏卒盜可復以爲舉族死乎鄭君釋之曰云舉族死是何妖問甚乎舉族而出之之辭者固譏世卿也崔杼以世卿專權齊人惡其族今出奔既不欲其身反又不欲國立其宗後故孔子順而書之曰崔氏出奔衛若其舉族盡去之爾○崔杼直呂反惡其烏路反○公

如齊五月公至自齊○癸巳陳夏徵舒弒其君平國○六月宋師伐滕月者蓋爲下齊惠公葬速起○爲于僞反○公孫歸父如齊葬齊惠公○晉人宋人衞人曹人伐鄭○秋天王使王季子來聘其曰王季王子也其曰子尊之也子者人之貴稱○稱尺證反聘問也○公孫歸父帥師伐邾取繹○繹音亦○大水○季孫行父如齊○冬公孫歸父如齊○齊侯使國佐來聘○饑○饑本或作飢居疑反○楚子伐鄭

十有一年春王正月○夏楚子陳侯鄭伯盟于夷陵夷陵齊地左氏作辰陵○公孫歸父會齊人伐莒○秋晉侯會狄于欑函欑函狄地○函音咸不言及外狄也所以異之於諸夏○夏戶雅反○冬十月楚人殺陳夏徵舒變楚子言人者弒君之賊若曰人人所得殺也其月謹之此

入而殺也。其不言入何也。據入國乃得殺外徵舒於陳也。其外徵舒於陳何也。據徵舒陳大夫不應外明楚之討有罪也。雍曰經若書曰楚子入陳殺夏徵舒者則入者內不受是無以表徵舒之悖逆楚子之得正。○悖補對反丁亥楚子入陳。入者。內弗受也。曰入。惡入者也。何用弗受也。不使夷狄爲中國也。楚子入陳納淫亂之人執國威柄制其君臣顛倒上下錯亂邪正是以夷狄爲中國。○惡烏路反顛丁田反本又作顛邪似嗟反納公孫寧儀行父于陳。納者。內弗受也。輔人之不能民而討猶可。雍曰輔相鄰國有不能治民者而討其罪人則可而曰猶可者明鄰國之君無輔相之道。○輔相息亮反下輔相同入人之國。制人之上下。使不得其君臣之道。不可。二人與君昏淫當絕而楚強納之是制人之上下。○強其丈反一音其良反

十有二年。春。葬陳靈公。傳例曰失德不葬君弒賊不討不葬以罪下也日卒時葬正也靈公淫夏姬殺泄冶臣子不能討賊踰三年然後葬而曰卒時葬何邪泰曰楚已討之矣臣子雖欲討之無所討也故君子即而恕之以申臣子之恩稱國以

殺大夫則靈公之惡不嫌不明書葬以表討賊不言靈公無罪也踰三年而後葬則國亂居可知矣非日月小有前却則書時不嫌○弒音試夏戶雅反○楚子圍鄭○夏六月乙卯晉荀林父帥師及楚子戰于邲邲鄭地○邲皮必反晉師敗績績功也功事也日其事敗也○秋七月○冬十有二月戊寅楚子滅蕭○晉人宋人衛人曹人同盟于清丘清丘衛地○宋師伐陳○衛人救陳

十有三年春齊師伐莒○夏楚子伐宋○秋螽○冬晉殺其大夫先縠○縠戶木反一本作穀

十有四年春衛殺其大夫孔達○夏五月壬申曹伯壽卒○晉侯伐鄭○秋九月楚子圍宋○葬曹文公○冬公孫歸父會齊侯于穀

十有五年春公孫歸父會楚子于宋○夏五月宋人

及楚人平。平者成也。善其量力而反義也。（各自知力不能相制，反共和之義）人者，衆辭也。平稱衆，上下欲之也。外平不道，以吾人之存焉，道之也。（吾人謂大夫歸父）○六月癸卯，晉師滅赤狄潞氏，以潞子嬰兒歸。滅國有三術，（術猶道也。○潞氏音路。嬰一盈反）中國謹日，卑國月，夷狄不日。（卑國謂附庸之屬。襄六年傳曰中國日，卑國月，夷狄時。此謂三術）其曰潞子嬰兒，賢也。○秦人伐晉。○王札子殺召伯、毛伯。王札子者，當上之辭也。殺召伯、毛伯，不言其何也？（解經不言殺其大夫。○札側八反。召上照反）兩下相殺也。兩下相殺，不志乎春秋，此其志何也？矯王命以殺之，非忿怒相殺也。故曰以王命殺也。（以王命殺，謂言王札子殺召伯、毛伯，是知以王命而殺之。○矯居表反）以王命殺則何志焉？爲天下主者天也，繼天者君也，君之所存

者命也。爲人臣而侵其君之命而用之，是不臣也。爲
人君而失其命，是不君也。君不君，臣不臣，此天下所
以傾也。○秋，螽。○仲孫蔑會齊高固于無婁。無婁，杞邑。○婁，力侯
反。○初稅畝。初者，始也。古者什一，一夫一婦佃田百畝，以共五口父母妻子也。又受田十畝以爲
公田。公田在內，私田在外。此一夫一婦爲耕百一十畝。○稅始銳反，賦也。什一音十，十稅一也。佃音田，又徒徧反。共音恭。藉而不
稅。藉此公田而收其入，言不稅民。初稅畝，非正也。古者三百步爲里，名曰
井田。井田者，九百畝，公田居一。出除公田八十畝，餘八百二十畝。故井田之法，八家共一井，八百畝。
餘二十畝，家各二畝半爲廬舍。○廬，力魚反。私田稼不善則非吏。非，責也。吏，田畯也。言吏急民使不得營私
田。○畯音俊，田大夫也。公田稼不善則非民。民勤私也。初稅畝者，非公之去
公田而履畝十取一也，以公之與民爲已悉矣。悉謂盡其力。○去如
字，又起呂反。古者公田爲居，八家共居。井竈葱韭盡取焉。損其廬舍，家作一園

以種五菜外種楸桑以備養生送死○韭音九楸音秋○冬，蝝生。蝝非災也。其曰蝝，非稅畝之災也。九春秋記災未有言生者蝝之言緣也緣宣公稅畝故生此災以責之非責也○蝝以全反劉歆云此蚍蜉子董仲舒云蝗子字林尹絹反○饑。

十有六年春王正月，晉人滅赤狄甲氏及留吁。甲氏留吁赤狄別種晉既滅潞氏今又并盡其餘邑也滅夷狄時賢嬰兒故滅其餘邑猶月○吁許于反種章勇反并必政反○夏，成周宣榭災。成周東周今之洛陽宣榭宣王之榭爾雅曰室有東西廂曰廟無東西廂有室曰寢無室曰榭傳例曰國曰災邑曰火○榭音謝本或作謝災左氏作火周災不志也。其曰宣榭何也？以樂器之所藏目之也。移風易俗莫善於樂是故貴其器○秋，郯伯姬來歸。爲夫家所遣○冬，大有年。五穀大熟爲大有年

十有七年春王正月庚子，許男錫我卒。○錫星歷反○丁未，蔡侯申卒。○夏，葬許昭公。○葬蔡文公。○六

月癸卯日有食之。己未公會晉侯衛侯曹伯邾
子同盟于斷道己未亦閏月之日斷道晉地○斷徒短反一音短同者有同也
同外楚也○秋公至自會○冬十有一月壬午公
弟叔肸卒其曰公弟叔肸賢之也其賢之何也宣
弑而非之也宣公殺子赤叔肸非責之○肸許乙反非之則胡爲不去也
曰兄弟也何去而之言無所至與之財則曰我足矣宣公
與之財物則言自足以距之織屨而食織屨賣以易食○屨九具反終身不食宣公
之食君子以是爲通恩也以取貴乎春秋泰曰宣公弑逆故其
禄不可受兄弟無絶道故雖非而不去論情可以明親親言義足以厲不軌書曰公弟不亦宜乎
十有八年春晉侯衛世子臧伐齊○臧子郎反○公伐杞
○夏四月○秋七月邾人戕繒子于繒戕猶殘也

捝殺也捝謂捶打殘賊而殺也于繒惡其臣子不能距難○戕在良反殘也賊也猶殺也繒本或作鄫在陵反捝殺他活反又徒活反捶打也字林云木杖或作撲普卜反捶章蘂反打音頂惡其烏路反難乃旦反○甲戌楚子呂卒商臣子莊王○子呂左氏作旅夷狄不卒卒少進也卒而不日日少進也日而不言正不正簡之也中國君日卒正也不日不正也今進夷狄直舉其日而不論正之與不正○公孫歸父如晉○冬十月壬戌公薨于路寢路寢正寢也○歸父還自晉還者事未畢也莊八年秋師還是也自晉事畢也與人之子守其父之殯人之子謂歸父子也言成公與歸父子共守宣公殯捐殯而奔其父之使者是亦奔父也捐棄也奔猶逐也言成公棄父之殯逐父之使使謂歸父也父命未反而已逐之是與親奔父無異○捐以全反至檉遂奔齊遂繼事也杜預曰檉魯竟外故不言出○檉丑貞反左氏作笙竟音境

春秋穀梁卷第七

經傳貳阡伍伯單五字

注貳阡壹伯陸拾伍字

音義柒伯貳拾貳字

仁仲 比校訖

# 春秋穀梁傳成公第八 ○名黑肱定王十七年即位

范甯集解

元年春王正月公即位○二月辛酉葬我君宣公○無冰終時無冰則志此未終時而言無冰何也言終寒時無冰當志之耳今方建丑之月是寒時未終終無冰矣加之寒之辭也周二月建丑之月夏之十二月也此月既是常寒之月於寒之中又加甚常年過此無冰終無復冰矣○夏之戶雅反復扶又反○三月作丘甲周禮九夫爲井四井爲邑四邑爲丘丘十六井甲鎧也○鎧開代反作爲也丘爲甲也使一丘之民皆作甲丘甲國之事也丘作甲非正也丘作甲之爲非正何也古者立國家百官具農工皆有職以事上古者有四民有士民學習道藝者有商民通四方之貨者有農民播殖耕稼者有工民巧心勞手以成器物者夫甲非人人之所能

爲也。各有業也○夫音符 丘作甲非正也。夏臧孫許及晉侯盟于赤棘。赤棘晉地 ○秋王師敗績于貿戎。貿戎地○貿音茂左氏作茅戎 不言戰莫之敢敵也。爲尊者諱敵不諱敗。諱敵使莫二也不諱敗容有過不否○爲于僞反 爲親者諱敗不諱敵。諱敗惜其毀折也不諱敵諸侯有列國 尊尊親親之義也。尊則無敵親則保全尊謂王親謂魯 然則孰敗之晉也。○孰敗必邁反又如字

○冬十月季孫行父禿晉郤克眇衛孫良夫跛曹公子手僂同時而聘於齊齊使禿者御禿者使眇者御眇者使跛者御跛者使僂者御僂者。御音迓迓迎也○禿他木反眇亡小反跛波可反僂於矩反一音力主反 蕭同姪子㲹臺上而笑之。蕭國也同姓也姪子字也其母更嫁齊惠公生頃公宣十二年楚人滅蕭故隨其母在齊○姪子大節反又丈乙反頃音傾 聞於客客不說而去相與立胥閭而語移日不

解(音胥閭門名。○訛音悅胥閭思徐反下力居反解古買反又音蟹)齊人有知之者。曰齊之患必自此始矣(穀梁子作傳皆釋經以言義未有無其文而橫發傳者甯疑經冬十月下云季孫行父如齊脫此六字○橫華孟反又如字脫此徒活反又他活反)

二年春齊侯伐我北鄙。○夏四月丙戌衛孫良夫帥師及齊師戰于新築衛師敗績(新築衛地○築音竹)○六月癸酉季孫行父臧孫許叔孫僑如公孫嬰齊帥師會晉郤克衛孫良夫曹公子手及齊侯戰于鞌齊師敗績(鞌齊地○僑本又作喬其僑反公子手左氏作首鞌音安)其日或曰日其戰也或曰日其悉也(悉謂曹四大夫時悉在戰也明二者皆當日)曹無大夫其曰公子何也以吾之四大夫在焉舉其貴者也(不欲令內衆大夫與外卑者共行戰○令力呈反)○秋七月齊侯使國佐如師己酉及國佐盟于爰婁。鞌去國五百里，爰婁去國五十里，壹戰緜地五百里，國，齊國也。焚雍門之茨，雍門，齊城門。茨，盖也。○雍於用反之茨在私反侵車東至海。侵車，侵伐之車。言時侵齊過乃至海。君子聞之曰：夫甚甚之辭焉，鄭嗣曰：君子聞戰于鞌，乃盟于爰婁，焚雍門之茨，侵車至海，言因齊之敗逼之甚。○夫甚音符齊有以取之也。齊之有以取之何也？敗衛師于新築，侵我北鄙，敖郤獻子，謂笑其跛。○謂笑其跛布可反。案杜預注《左傳》云郤克跛，此傳言郤克眇，范注當依傳而作跛，恐非齊有以取之也。爰婁在師之外。言師已逼其國。郤克曰：反魯衛之侵地，以紀侯之甗來，甗，玉甑。齊滅紀，故得其寶。○甗魚輦反，又音言，又音彥。玉甑也以蕭同姪子之母爲質，齊侯與姪子同母異父昆弟，不欲斥言齊侯之母，故言蕭同姪子之母也。兼欲姪子笑。○爲質音致，下同使耕者皆東其畝，欲以利其戎車於驅侵易。○侵易以豉反，下伐易同然後與子盟。國佐曰：反魯衛之侵地，以紀侯之䶵來則諾以蕭同姪子之母爲質則是齊侯之母也齊侯之母猶晉君之母也晉君之母猶齊侯之母也言尊同也使耕者盡東其畝則是終士齊也凱曰利其戎車侵伐易則是以齊爲土不可不可謂若不許已言請壹戰壹戰不克請再再不克請三三不克請四四不克請五五不克舉國而授於是而與之盟○八月壬午宋公鮑卒○庚寅衛侯速卒○取汶陽田汶音問○冬楚師鄭師侵衛○十有一月公會楚公子嬰齊于蜀蜀某地楚無大夫其曰公子何也嬰齊亢也泰曰莊二十二年丙申及齊高傒盟文二年乙巳及晉處父盟傳曰不言公高傒處父亢也此傳會嬰齊書公以明亢何乎蓋言高傒處父亢禮敵公書公則内恥也嬰齊初雖驕慢終自降替故于會則書公以顯嬰齊之驕亢于盟則稱人以表嬰齊之服罪然則向之驕正足以表其無禮不足以病公則書公可也○向之本又作

鄉亦作向同許亮反下文同○丙申，公及楚人、秦人、宋人、陳人、衞人、鄭人、齊人、曹人、邾人、薛人、繒人盟于蜀。楚其稱人何也？怪楚向稱公子今稱人齊在鄭下蓋時王所黜於是而後公得其所也。會與盟同月，則地會不地盟；不同月，則地會地盟。此其地會地盟何也？以公得其所，申其事也。公得其所謂楚稱人申其事謂地會地盟○會與盟同月絕句不同月絕句則地會地盟絕句今之屈，向之驕也。

三年春王正月，公會晉侯、宋公、衞侯、曹伯伐鄭。宋衞未葬而自同於正君故書公侯以譏之○辛亥，葬衞穆公。○二月，公至自伐鄭。○甲子，新宮災，三日哭。新宮者，禰宮也。謂宣公廟也三年喪畢宣公神主新入廟故謂之新宮○禰乃禮反三日哭，哀也。其哀，禮也。宮廟親之神靈所馮居而遇災故以哀哭爲禮○馮居皮冰反迫近不敢稱謚，恭也。迫近言親禰也桓僖遠祖則稱謚其辭恭且哀以成公爲無譏矣○乙亥葬宋文公○夏公如晉○鄭公子去疾帥師伐許○去起呂反○公至自晉○秋叔孫僑如帥師圍棘○大雩○晉郤克衞孫良夫伐廧咎如○咎音羔○冬十有一月晉侯使荀庚來聘○衞侯使孫良夫來聘○丙午及荀庚盟○丁未及孫良夫盟其日公也來聘而求盟不言及者以國與之也不言其人亦以國與之也徐邈曰不言及謂凡書來盟者也若宣七年衞孫良夫來盟是也以國與之謂舉國爲主故直書外來爾此先聘而後盟盟故不言來盟摠言及而不復著其人亦是舉國之辭○復扶又反不言求兩欲之也○鄭伐許鄭從楚而伐衞之衆又叛諸侯之盟故狄之

四年春宋公使華元來聘○三月壬申鄭伯堅卒

○杞伯來朝（○朝直遥反）○夏四月甲寅臧孫許卒○公如晉○葬鄭襄公○秋公至自晉○冬城鄆（○鄆音運）

○鄭伯伐許（喪未踰年自同於正君亦譏之）

五年春王正月杞叔姬來歸婦人之義嫁曰歸反曰來歸○仲孫蔑如宋○夏叔孫僑如會晉荀首于穀（穀齊地）○梁山崩（梁山晉之望也不言晉者名山大澤不以封也許慎曰山者陽位君之象也象君權壞）不日何也（據僖十四年秋八月辛卯沙鹿崩書日）高者有崩道也有崩道則何以書也曰梁山崩壅遏河三日不流晉君召伯尊而問焉伯尊來遇輦者輦者不辟使車右下而鞭之（凡車將在左御在中有力之人在右所以備非常○壅於勇反遏於葛反伯尊左氏作伯宗辟音避將子匠反）輦者曰所以鞭我者其取道遠矣（所用鞭我之間行道則可遠）

伯尊下車而問焉（以其言有理知非凡人）曰。子有聞乎。對曰。梁
山崩。壅遏河三日不流。伯尊曰。君爲此召我也。爲
之奈何。輦者曰。天有山。天崩之。天有河。天壅之。雖
召伯尊如之何。伯尊由忠問焉。（用忠誠之心問之○爲此于僞反）輦者
曰。君親素縞。帥羣臣而哭之。既而祠焉。斯流矣。（素衣
縞冠凶服也所以凶服者山川國之鎮也山崩川塞示哀窮○縞古老反）伯尊至君問之曰。梁山
崩。壅遏河三日不流。爲之奈何。伯尊曰。君親素縞。
帥羣臣而哭之。既而祠焉。斯流矣。孔子聞之曰。伯
尊其無績乎。攘善也。（績功也攘盜也取輦者之言而行之非己之功也績或作續謂無繼嗣○攘如
羊反）○秋。大水。○冬。十有一月。己酉。天王崩。（定王）○十
有二月。己丑。公會晉侯。齊侯。宋公。衛侯。鄭伯。曹伯。

郳子。杞伯。同盟于蟲牢（蟲牢鄭地。○蟲直忠反牢力刀反）

六年。春。王正月。公至自會。○二月。辛巳。立武宮（舊說曰武公之宮廟毀已久矣故傳曰不宜立也禮記明堂位曰魯公之廟文世室也武公之廟武世室也言世室則不毀也則義與此違）立者。不宜立也。○取鄟。鄟。國也。（○鄟音專又市轉反國名）○衛孫良夫帥師侵宋。○夏。六月。郳子來朝。（○朝直遥反）○公孫嬰齊如晉。○壬申。鄭伯費卒（○費音秘）○秋。仲孫蔑叔孫僑如帥師侵宋。○楚公子嬰齊帥師伐鄭。○冬。季孫行父如晉。○晉欒書帥師救鄭

七年。春。王正月。鼷鼠食郊牛角。（不言免牛者以方改卜郊吉否未可知○鼷音奚吉否方九反）不言日。急辭也。（辭中促急不容日）過有司也。郊牛日展斛角而知傷。展道盡矣。其所以備災之道不盡也

有司展察牛而即知傷是展察之道盡不能防災禦患致使牛傷故不書日以顯有司之過斛球球然角貌○斛角其樛反一音求角貌或本作筋非禦魚呂反球音求改卜牛鼷鼠又食其角又有繼之辭也前已食故曰繼其緩辭也曰亡乎人矣非人之所能也所以免有司之過也至此復食乃知國無賢君天災之爾非有司之過也故言其以赦之○能如字亦作耐復食扶又反下同乃免牛乃者亡乎人之辭也免牲者爲之緇衣纁裳有司玄端奉送至于南郊免牛亦然免牲不曰不郊免牛亦然郊者用牲今言免牲則不郊顯矣若言免牛亦不郊而經復書不郊者蓋爲三望起爾言時既不郊而猶三望明失禮○緇側其反纁許云反爲于僞反○吴伐郯郯音談○夏五月曹伯來朝○不郊猶三望○秋楚公子嬰齊帥師伐鄭○公會晉侯齊侯宋公衛侯曹伯莒子邾子杞伯救鄭八月戊辰同盟于馬陵馬陵衛地公至自會○

吳入州來州來楚地○冬大雩雩不月而時非之也冬無爲雩也○衛孫林父出奔晉

八年春晉侯使韓穿來言汶陽之田歸之于齊晉爲盟主齊背還事晉故使曾還二年齊所反之田○穿音川于齊緩辭也不使盡我也若曰爲之請歸不使晉制命于我○爲于僞反○晉欒書帥師侵蔡○公孫嬰齊如莒○宋公使華元來聘○夏宋公使公孫壽來納幣婚禮不稱主人宋公無主婚者自命之故稱使納幣不書書者賢伯姬故盡其事○晉殺其大夫趙同趙括○秋七月天子使召伯來錫公命禮有受命無來錫命錫命非正也曰天子何也曰見一稱也天王天子王者之通稱自此以上未有言天子者今言天子是更見一稱○召上照反曰見賢徧反注更見同一稱尺證反以上時掌反○冬十月癸卯杞叔姬卒杜預曰前五年來歸者女既適人雖見出棄猶以成人之禮書

之終爲杞伯所葬故稱杞叔姬○晉侯使士爕來聘爕素協反○叔孫僑如

會晉士爕齊人邾人伐郯○衛人來媵杜預曰古者諸侯娶嫡夫人及左右媵各有姪娣皆同姓之國國三人凡九女所以廣繼嗣魯將嫁伯姬于宋故衛來媵○媵以證反又繩證反嫡丁歷反姪大結反娣音弟

媵淺事也不志此其志何也以伯姬之不得其所○故盡其事也不得其所謂災死也江熙曰共公之葬由伯姬則共公是失德者也傷伯姬賢而嫁不得其所○共音恭下同

九年春王正月杞伯來逆叔姬之喪以歸傳曰夫無逆出妻之喪而爲之也○公會晉侯齊侯宋公衛侯鄭伯曹伯莒子杞伯同盟于蒲蒲衛地公至自會○二月伯姬歸于宋逆者非卿故不書○夏季孫行父如宋致女致敕戒之言於女致者不致者也婦人在家制於父既嫁制於夫如宋致女是以我盡之也刺已嫁而猶以父制

盡之○剌七賜反不正故不與內稱也內稱謂稱使○內稱尺證反又如字注同逆者微故致女詳其事賢伯姬也○晉人來媵媵淺事也不志此其志何也以伯姬之不得其所故盡其事也○秋七月丙子齊侯無野卒○晉人執鄭伯○晉欒書帥師伐鄭不言戰以鄭伯也欒書以鄭伯伐鄭君臣無戰道爲尊者諱恥不使臣敵君王師敗績于貿戎是也○爲尊于僞反下及此傳注同爲賢者諱過爲齊桓諱滅項是也○滅項乎講反爲親者諱疾雍曰欒書以鄭伯伐鄭不言戰是也鄭兄弟之國故謂之親君臣交兵丙莫大焉故爲之諱○冬十有一月葬齊頃公○頃音傾○楚公子嬰齊帥師伐莒庚申莒潰其日莒雖夷狄猶中國也莒雖有夷狄之行猶是中國○潰戶內反行下孟反大夫潰莒而之楚是以知其上爲事也臣以叛君爲事明君臣無道惡之故謹而日之也潰例月甚之故

日○惡烏路反○楚人入鄆○秦人白狄伐晉○鄭人圍許

○城中城城中城者非外民也譏公不務德政恃城以自固不復能衛其人民

十年春衛侯之弟黑背帥師侵鄭○夏四月五卜

郊不從乃不郊夏四月不時也郊時極於三月五卜強也乃

者亡乎人之辭也強其丈反○五月公會晉侯齊侯宋

公衛侯曹伯伐鄭○齊人來媵媵伯姬也異姓來媵非禮○丙午晉

侯孺卒孺乃侯反○秋七月公如晉○冬十月

十有一年春王三月公至自晉○晉侯使郤犨來

聘己丑及郤犨盟郤犨尺由反公羊作郤州○夏季孫行父如晉

○秋叔孫僑如如齊○冬十月

十有二年春周公出奔晉周有入無出鄭嗣曰王者無外故無出

也宗廟宮室有定所或即位失其常處反常書入内宗廟也昭二十六年天王入于成周是○處昌慮反其曰出，上下一見之也。鄭嗣曰上謂僖二十四年天王出居于鄭下謂今周公出奔上下皆一見之○見賢徧反言其上下之道無以存也。上雖失之，下孰敢有之？今上下皆失之矣。上雖有不君之失臣下莫敢效不臣之過今後云周公之出則上下皆有失矣君而不君臣而不臣是無以存于世言周之所以衰○復云扶又反○夏，公會晉侯、衛侯于瑣澤。瑣澤某地○瑣素果反○秋，晉人敗狄于交剛。交剛某地中國與夷狄不言戰，皆曰敗之。不使夷狄敵中國夷狄不日。○冬十月。

十有三年，春，晉侯使郤錡來乞師。○錡魚綺反乞，重辭也。古之人重師，故以乞言之也。○三月，公如京師。公如京師不月，月，非如也。時實會晉伐秦過京師也公行出竟有危則月朝聘京師理無危懼故不月○過京師音戈下同竟音境朝聘直遙反下皆同非如而曰如，不叛京師也。因其過朝故正其文若使本自往○夏五月公自京師遂會晉侯齊侯宋公衛侯鄭伯曹伯邾人滕人伐秦言受命不敢叛周也使若既朝王而王命已使伐秦叛周謂專征伐○曹伯廬卒于師○廬力吴反又力魚反傳曰閔之也公大夫在師曰師在會曰會○秋七月公至自伐秦○冬葬曹宣公葬時正也

十有四年春王正月莒子朱卒徐邈曰傳稱莒雖夷狄猶中國也言莒本中國末世衰弱遂行夷禮葬皆稱謚而莒君無謚謚以公配而吴楚稱王所以終春秋亦不得書葬○夏衛孫林父自晉歸于衛○秋叔孫僑如如齊逆女泰曰親迎例時大夫逆皆謹月以譏之下云九月僑如以夫人婦姜氏至自齊一事不二譏故此可以不月也宣元年公子遂如齊逆女亦以時逆而月致義與此同○親迎魚敬反傳同本或作逆○鄭公子喜帥師伐許○九月僑如以夫人婦姜氏至自齊大夫不以夫人以夫人非正也刺

不親迎也僑如之摯由上致之也刺不七賜反摯苦結反○冬十

月庚寅衛侯臧卒○臧子郎反○秦伯卒

十有五年春王二月葬衛定公○三月乙巳仲嬰

齊卒此公孫也其曰仲何也此蓋仲遂之子據實公孫子由父疏

之也雍曰父有弑君之罪故不得言公子父不言公子則子不得稱公孫是見疏之罪由父故○癸丑公會

晉侯衛侯鄭伯曹伯宋世子成齊國佐邾人同盟

于戚晉侯執曹伯歸于京師以晉侯而斥執曹伯

惡晉侯也僖二十八年晉人執衛侯歸之于京師此伯討之文也今以侯執伯明執之不以其罪○惡晉烏路反不

言之急辭也斷在晉侯也明晉之私○斷在丁亂反公至自會○

夏六月宋公固卒○楚子伐鄭○秋八月庚辰葬

宋共公月卒日葬非葬者也宋共公正立卒當書日葬無甚危則當錄月今反常違例

故知不葬者也然則共公之不宜書葬昬亂故○共音恭此其言葬何也以其葬共姬不可不葬共公也葬共姬則其不可不葬共公何也夫人之義不踰君也為賢者崇也賢崇伯姬故書其公葬○為于偽反○宋華元出奔晉宋華元自晉歸于宋○宋殺其大夫山○宋魚石出奔楚○冬十有一月叔孫僑如會晉士燮齊高無咎宋華元衛孫林父鄭公子鰌邾人會吳于鍾離會又會外之也再書會殊外夷狄○無咎其九反鰌音秋○許遷于葉遷者猶得其國家以往者也其地許復見也○葉始涉反復扶又反見也賢徧反

十有六年春王正月雨木冰穀梁傳曰雨木冰者木介甲胄兵之象○雨如字或于付反非也介音界胄直又反雨而木冰也雨著木成冰○著直略反志異也傳曰根

二二七

枝折○夏四月辛未滕子卒○鄭公孫喜帥師侵宋○六月丙寅朔日有食之○晉侯使欒黶來乞師（將與鄭楚戰○黶於斬反）○甲午晦晉侯及楚子鄭伯戰于鄢陵（鄢陵鄭地○鄢音偃又於建反）楚子鄭師敗績日事遇晦曰晦四體偏斷曰敗此其敗則目也（此言敗者目傷故）楚不言師君重於師也○楚殺其大夫公子側○秋公會晉侯齊侯衛侯宋華元邾人于沙隨不見公（沙隨宋地）不見公者可以見公也可以見公而不見公譏在諸侯也○公至自會○公會尹子晉侯齊國佐邾人伐鄭（尹子王卿士子爵）○曹伯歸自京師不言所歸歸之善者也出入不名以為不失其國也歸為善（謂直言歸而不言其國即曹伯歸自京師）

不言于曹是自某歸次之若蔡季自陳歸于蔡衛侯鄭自楚復歸于衛是○九月晉人執季孫行父舍之于苕丘行父魯之執政卿其身執則危及國故謹而月之録所憂也苕丘晉地○苕音條執者不舍據昭二十三年晉人執我行人叔孫婼不言舍○孫婼丑畧反而舍公所也今言舍者以公在苕丘故也公在苕丘而言舍者明不得致也若既不致復不言舍則無以見其舍○復扶又反下同以見賢徧反下見公同執者致據昭二十四年婼至自晉而不致公在也在在苕丘也見舍于苕丘還國則與公俱不得致者重在公何其執而辭也問何故書執季孫行父而言舍之復不致之辭邪猶存公也問存時行父雖為晉所執猶欲存公之所在故不致行父又言舍之皆所以見公在苕丘存意公亦存焉舍之不致之意便可知公所在乎公存也但存此二事即知公在苕丘○冬十月乙亥叔孫僑如出奔齊徐邈曰案襄二十三年臧孫紇出奔齊傳曰其日正臧紇之出也禮大夫去君埽其宗廟不絶其祀身雖出奔而君遇之不失正故詳而日之明有恩義也○紇恨發反○十有二月乙丑季孫行父及晉郤犨盟于扈○公至自會無二事會則致會伐則致伐上無會

事當言至自伐鄭而言至自會嫌所未詳鄭君曰伐而致會於伐事不成○乙酉。刺公子偃。大夫日卒。正也。先刺後名。殺無罪也。[僖二十八年公子買戍衛不卒戍刺之是有罪者以先列其罪○刺七賜反傳同爾雅云殺也戍式喻反]

十有七年。春。衛北宮括帥師侵鄭。○夏。公會尹子。單子。晉侯。齊侯。宋公。衛侯。曹伯。邾人。伐鄭。[○單子音善]六月。乙酉。同盟于柯陵。[柯陵鄭地○柯音歌]柯陵之盟。謀復伐鄭也。[謀復扶又反]○秋。公至自會。不曰至自伐鄭也。公不周乎伐鄭也。[周信也公遍邀諸侯爲此盟爾意不欲更伐鄭]何以知公之不周乎伐鄭。以其以會致也。何以知其盟復伐鄭也。以其後會之人盡盟者也。[後會謂冬公會單子等是]不周乎伐鄭。則何爲日也。[據無伐鄭意而強盟盟不由忠不當日也○而強其丈反]言公之不背柯陵之盟也（舍已從人遂伐鄭）○齊高無咎出奔莒○九月辛丑用郊夏之始可以承春以秋之末承春之始蓋不可矣（郊春事也僖三十一年夏四月四卜郊不從傳曰四月不時今言可者方明秋末之不可故以是爲猶可也）九月用郊用者不宜用也宮室不設不可以祭衣服不脩不可以祭車馬器械不備不可以祭有司一人不備其職不可以祭祭者薦其時也薦其敬也薦其美也非享味也○晉侯使荀罃來乞師（將伐鄭○荀罃烏耕反）○冬公會單子晉侯宋公衛侯曹伯齊人邾人伐鄭言公不背柯陵之盟也十有一月公至自伐鄭○壬申公孫嬰齊卒于貍蜃（貍蜃魯地也○貍蜃上力之反下時軫反）十一月無壬申壬申乃十月也致公而後錄臣子之義也

嬰齊貫以十月壬申日卒而公以十一月還先致公而後錄其卒故壬申在十一月下也嬰齊從公伐鄭致公然後伐鄭之事畢須公事畢然後書臣卒先君後臣之義也

其地未踰竟也○竟音境○十有二月丁巳朔日有食之○邾子貜且卒○貜俱縛反且子餘反○晉殺其大夫郤錡郤犨郤至自禍於是起矣厲公見殺之禍殺之如字又音試

○楚人滅舒庸

十有八年春王正月晉殺其大夫胥童○庚申晉弑其君州蒲稱國以弑其君君惡甚矣○齊殺其大夫國佐○公如晉○夏楚子鄭伯伐宋○宋魚石復入于彭城彭城宋邑魚石十五年奔楚經稱復入者明前奔時入彭城以叛也今楚取彭城以封魚石故言復入○公至自晉○晉侯使士匄來聘○匄本又作山音蓋○秋杞伯來朝○朝直遥反下同○八月邾子來朝○築鹿囿築墻

爲鹿地之苑○囿音又築不志此其志何也山林藪澤之利所以與民共也虞之非正也○藪素口反○己丑公薨于路寢路寢正也男子不絕婦人之手以齊終也○齊如字又側皆反○冬楚人鄭人侵宋○晉侯使士魴來乞師○魴音房○十有二月仲孫蔑會晉侯宋公衛侯邾子齊崔杼同盟于虛朾虛朾其地○杼直呂反虛亡魚反朾丑丁反○丁未葬我君成公

春秋穀梁卷第八

經傳叄阡伍伯伍拾柒字

注貳阡伍伯伍拾肆字

音義柒伯玖拾叄字

仁仲　比校訖

# 春秋穀梁傳襄公第九（○襄公名午，簡王十四年即位）

范甯集解

元年。春。王正月。公即位。繼正即位。正也。○仲孫蔑會晉欒黶、宋華元、衛甯殖、曹人、莒人、邾人、滕人、薛人。圍宋彭城。繫彭城於宋者。不與魚石正也。（魚石得罪於宋，成十五年奔楚。十八年復入于彭城。然則彭城已屬魚石。今猶繫宋者。崇君抑叛臣也。○復，扶又反。）○夏。晉韓厥帥師伐鄭。○仲孫蔑會齊崔杼、曹人、邾人、杞人。次于鄫。（鄫，鄭地。鄫或爲合。○鄫，似陵反。）○秋。楚公子壬夫帥師侵宋。（○壬，而林反。）九月。辛酉。天王崩。○邾子來朝。（○朝，直遥反。）○冬。衛侯使公孫剽來聘。（○剽，四妙反。）○晉侯使荀罃來聘。（冬者十月初也。王崩赴未至。皆未聞喪。故各得行朝聘之禮。）

二年。春。王正月。葬簡王。○鄭師伐宋。○夏。五月。庚寅。夫人姜氏薨。○六月。庚辰。鄭伯睔卒（○睔古困反）○晉師。宋師。衛甯殖侵鄭。其曰衛甯殖。如是而稱于前事也（初衛侯速卒鄭人侵之故舉甯殖之報以明稱其前事不書晉宋之將以慢其伐人之喪○稱尺證反）○秋。七月。仲孫蔑會晉荀罃。宋華元。衛孫林父。曹人。邾人。于戚。○己丑。葬我小君齊姜（齊謚○齊姜如字齊謚也一音側皆反後齊歸同）○叔孫豹如宋。○冬。仲孫蔑會晉荀罃。齊崔杼。宋華元。衛孫林父。曹人。邾人。滕人。薛人。小邾人。于戚。遂城虎牢。若言中國焉。內鄭也（虎牢鄭邑鄭服罪內之故為之城不繫虎牢於鄭者如中國之邑也僖二年城楚丘傳曰楚丘者何衛之邑國曰城此邑也其曰城何封衛也然則非魯邑皆不言城中國猶國中也○為于偽反）○楚殺其大夫公子申三年。春。楚公子嬰齊帥師伐吴。○公如晉。○夏。四月。壬戌。公及晉侯盟于長樗。晉侯出其國都與公盟于外地○樗丑居反 公至自晉。○六月。公會單子。晉侯。宋公。衛侯。鄭伯。莒子。邾子。齊世子光。己未。同盟于雞澤。雞澤地也 同者。有同也。同外楚也。陳侯使袁僑如會。如會。外乎會也。外乎會者明本非會内也諸侯已會乃至耳 於會受命也。戊寅。叔孫豹及諸侯之大夫及陳袁僑盟。及以及。與之也。諸侯在會而大夫又盟是大夫執國之權。凡君之禮陳君不會袁僑受使來盟袁僑之盟得其義也通言叔孫豹及諸侯之大夫則無以表袁僑之得禮故再言及明獨與袁僑不與諸侯之大夫○受使所吏反 諸侯以爲可與則與之。不可與則釋之。諸侯盟。又大夫相與私盟。是大夫張也。故雞澤之會。諸侯始失正矣。大夫執國權。曰袁僑異

之也釋不但揔言及諸侯之大夫而復別言袁僑者是異袁僑之得禮○復扶又反○秋公至自晉○
冬晉荀罃帥師伐許
四年春王三月己酉陳侯午卒○夏叔孫豹如晉
○秋七月戊子夫人姒氏薨成公夫人襄公母也姒杞姓○杞音起○葬
陳成公○八月辛亥葬我小君定姒定謚○冬公如
晉○陳人圍頓
五年春公至自晉○夏鄭伯使公子發來聘○叔
孫豹繒世子巫如晉外不言如而言如爲我事往
也外相如不書爲魯事往故同於內○巫亡符反爲于僞反○仲孫蔑衛孫林父會吴
于善稻善稻吴地○善稻吴謂之伊緩左氏作善道吴謂善伊謂稻緩號從
中國名從主人夷狄所號地形及物類當從中國言之以教殊俗故不言伊緩而言善稻人名當從其本俗言

○秋大雩○楚殺其大夫公子壬夫○公會晉侯宋公陳侯衛侯鄭伯曹伯莒子邾子滕子薛伯齊世子光吳人繒人于戚繒以外甥爲子曾夷狄之不若故序吳下所以不復殊外吳者以其數會中國故○曾夷才登反又如字不復扶又反數會音朔公至自會○冬戍陳内辭也不言諸侯是魯戍之○楚公子貞帥師伐陳○公會晉侯宋公衛侯鄭伯曹伯莒子邾子滕子薛伯齊世子光救陳十有二月公至自救陳善救陳也楚人伐陳公能救中國而攘夷狄故善之善之謂以救陳致○辛未季孫行父卒

六年春王三月壬午杞伯姑容卒○夏宋華弱來奔○秋葬杞桓公○滕子來朝○朝直遥反○莒人滅繒莒是繒甥立以爲後非其族類神不歆其祀故言滅○莒人滅繒似陵反立其甥爲後異姓故言滅也非滅也非以兵滅中

國曰卑國月夷狄時繒中國也而時非滅也家有旣亡國有旣滅滅猶亡亡猶滅家立異姓爲後則亡國立異姓爲嗣則滅旣盡也滅而不自知由別之而不別也繒不達滅亡之義故國滅而不知○別彼列反莒人滅繒非滅也非立異姓以莅祭祀滅亡之道也○莅音利又音類○冬叔孫豹如邾○季孫宿如晉宿行父子○十有二月齊侯滅萊

七年春郯子來朝郯音談朝直遥反下同○夏四月三卜郊不從乃免牲夏四月不時也三卜禮也乃者亡乎人之辭也○小邾子來朝○城費費音秘○秋季孫宿如衞○八月螽○冬十月衞侯使孫林父來聘壬戌及孫林父盟○楚公子貞帥師圍陳○十有二月

公會晉侯宋公陳侯衛侯曹伯莒子邾子于鄬鄬鄭地○鄬本又作隖于詭反鄭伯髡原如會○髡苦門反本又作郡或作頑顒音於倫反左氏作髡頑未見諸侯丙戌卒于操操鄭地○操七報反未見諸侯其曰如會何也致其志也禮諸侯不生名此其生名何也卒之名也卒之名則何爲加之如會之上見以如會卒也其見以如會卒何也鄭伯將會中國其臣欲從楚不勝其臣弒而死其不言弒何也不使夷狄之民加乎中國之君也邵曰以其臣欲從楚故謂夷狄之民不欲使夷狄之臣得弒中國之君故去弒而言卒使若正卒然○見以賢徧反去起呂反其地於外也其日未踰竟也日卒時葬正也○踰竟音境陳侯逃歸以其去諸侯故逃之也鄭伯欲從中國而罹其凶禍諸侯莫有討心於是懼而去之背華即夷故書逃以抑之○背音佩

八年。春。王正月。公如晉。夏。葬鄭僖公。鄭人侵蔡。獲蔡公子濕。（獲者不與之辭。侵者所以服不義。無相獲之道。○公子濕本又作隰。同音隰。又音燮。二十年同。左氏作燮。）人。微者也。侵淺事也。而獲公子。公子病矣。季孫宿會晉侯。鄭伯。齊人。宋人。衛人。邾人于邢丘（邢丘地。○邢音刑。）見魯之失正也。公在而大夫會也。（○見。賢偏反。）公至自晉。莒人伐我東鄙。秋。九月。大雩。冬。楚公子貞帥師伐鄭。晉侯使士匄來聘。

九年。春。宋災。外災不志。此其志何也。故宋也。（故猶先也。孔子之先宋人。）夏。季孫宿如晉。五月。辛酉。夫人姜氏薨。（成公母。）秋。八月。癸未。葬我小君穆姜。冬。公會晉侯。宋公。衛侯。曹伯。莒子。邾子。滕子。薛伯。杞伯。小邾子。齊世子光。伐鄭。十有二月，己亥，同盟于戲。戲，鄭地。○于戲，許宜反。不異言鄭，善得鄭也。不致，耻不能據鄭也。戲盟還而楚伐鄭，故耻不能終有鄭。○楚子伐鄭。

十年，春，公會晉侯、宋公、衛侯、曹伯、莒子、邾子、滕子、薛伯、杞伯、小邾子、齊世子光，會吳于柤。柤，楚地。○于柤，莊加反。會又會，外之也。五年會于戚不殊會，今殊會吳者，復夷狄故。○復，夷扶又反，下不復皆同。○夏，五月，甲午，遂滅傅陽。○傅陽，左氏作偪陽。遂，直遂也。其曰遂何也？不以中國從夷狄也。言時實吳會諸侯滅傅陽，耻以中國之君從夷狄之主，故加甲午，使若改日諸侯自滅傅陽。滅甲國月，此日，蓋爲遂耳。○爲，于僞反。公至自會。會夷狄不致，惡事不致，夷狄不致，耻與同；惡事不致，耻有惡。此其致何也？會吳，會夷狄也；滅傅陽，惡事也。據不應致。存中國也。以中國之君從夷狄之主而滅人之邑也，此即夷狄爾，是無中國也。故加甲午，使若改日諸侯自滅傅陽爾，不七十五○以諸侯從夷狄也滅中國雖惡事自諸侯之一眚爾從夷狄而滅人則中國不復存矣○眚所景反中國有善事則并焉若中國有善事則不復言會諸侯改日遂滅傳陽如僖四年諸侯侵蔡蔡潰遂伐楚是并焉○則并必性反又如字無善事則異之存之也諸侯會吳于柤甲午遂滅傳陽是則若會與遂異人汲鄭伯汲猶引也鄭伯髡原爲臣所弑而不書弑此引而致於善事○汲音急逃歸陳侯鄢之會陳侯不會以其爲楚故言逃歸○爲于僞反致柤之會存中國也○楚公子貞鄭公孫輒帥師伐宋○晉師伐秦○秋莒人伐我東鄙○公會晉侯宋公衛侯曹伯莒子邾子齊世子光滕子薛伯杞伯小邾子伐鄭齊世子光序滕薛之上盖驕蹇○蹇紀輦反○冬盜殺鄭公子斐公子發公孫輒稱盜以殺大夫弗以上下道惡上也兩下相殺不志乎春秋惡鄭伯不能脩政刑致盜殺大夫也以上下道當言鄭人殺其大夫○斐芳尾反左氏作騑惡烏路反○戍鄭虎牢不稱其人則魯戍也猶戍陳其曰鄭虎牢決

鄭乎虎牢也二年鄭去楚而從中國故城虎牢不言鄭使與中國無異自爾已來數反覆無從善之意故繫之於鄭決絕而棄外○數所角反覆芳服反○楚公子貞帥師救鄭○公至自伐鄭

十有一年春王正月作三軍作爲也古者天子六師諸侯一軍作三軍非正也周禮司馬法曰萬有二千五百人爲軍王六軍大國三軍次國二軍小國一軍其將皆命卿二千五百人爲師然則此言天子六師凡萬有五千人大國三軍則三萬七千五百人諸侯制踰天子非義也惣云諸侯一軍又非制也昭五年經曰舍中軍傳曰貴復正也然則魯有二軍今云作三軍增置中軍爾魯爲次國於此爲明○將子匠反舍中音捨○夏四月四卜郊不從乃不郊夏四月不時也四卜非禮也○鄭公孫舍之帥師侵宋○公會晉侯宋公衞侯曹伯齊世子光莒子邾子滕子薛伯杞伯小邾子伐鄭○秋七月己未同盟于京城北盟謀更共伐鄭京城北鄭地○京城左氏京作亳公至自伐鄭不以後致盟後

復伐鄭也(傳例曰已伐而盟復伐者則以伐致盟不復伐者則以會致此言不以後致謂會在伐後○復扶又反)○楚子鄭伯伐宋○公會晉侯宋公衛侯曹伯齊世子光莒子邾子滕子薛伯杞伯小邾子伐鄭會于蕭魚(蕭魚鄭地)公至自會伐而後會不以伐鄭致得鄭伯之辭也(鄭與會而服中國喜之故以會致○鄭與音豫)○楚人執鄭行人良霄○行人者挈國之辭也(行人是傳國之辭命者○傳直專反)○冬秦人伐晉

十有二年春王三月莒人伐我東鄙圍邰(蓋攻守之害深故以危錄其月○邰本又作台他來反又音臺)伐國不言圍邑舉重也(伐國重圍邑輕舉重可以包輕)取邑不書圍安足書也(不足書而今書蓋為下事起○為于偽反)○季孫宿帥師救邰遂入鄆(鄆莒邑○鄆音運)遂繼事也受命而救邰不受命而入鄆惡季孫宿也(○惡烏路反)○夏晉侯使士

魴來聘○秋九月吴子乘卒○冬楚公子貞帥師侵宋○公如晉

十有三年春公至自晉○夏取邿（邿音詩）○秋九月庚辰楚子審卒（共王○共音恭）○冬城防

十有四年春王正月季孫宿叔老會晉士匄齊人宋人衛人鄭公孫蠆曹人莒人邾人滕人薛人杞人小邾人會吴于向（向鄭地○蠆丑邁反向舒亮反）○二月乙未朔日有食之○夏四月叔孫豹會晉荀偃齊人宋人衛北宫括鄭公孫蠆曹人莒人邾人滕人薛人杞人小邾人伐秦○己未衛侯出奔齊（諸侯出奔例月衎結怨于民自棄於位君弑而歸與知逆謀故出入皆日以著其惡○與音豫）○莒人侵我東鄙○秋楚公子貞

帥師伐吴○冬季孫宿會晉士匄宋華閲衛孫林父鄭公孫蠆莒人邾人于戚○閲音悦

十有五年春宋公使向戌來聘○向舒亮反戌音恤○二月己亥及向戌盟于劉○劉夏逆王后于齊劉采地夏名書名則非卿也天子無外所命則成故不言逆女○劉夏戶雅反注同過我故志之也○過音戈○夏齊侯伐我北鄙圍成公救成至遇至遇而齊師已退也遇魯地○季孫宿叔孫豹帥師城成郛郛郭○郛音孚○秋八月丁巳日有食之○邾人伐我南鄙○冬十有一月癸亥晉侯周卒

十有六年春王正月葬晉悼公○三月公會晉侯宋公衛侯鄭伯曹伯莒子邾子薛伯杞伯小邾子

于湨梁湨梁地湨古闃反○戊寅大夫盟湨梁之會諸侯失正
矣諸侯會而曰大夫盟正在大夫也諸侯在而不
曰諸侯之大夫大夫不臣也晉人執莒子邾子以
歸○齊侯伐我北鄙○夏公至自會○五月甲
子地震○叔老會鄭伯晉荀偃衞甯殖宋人伐許
○秋齊侯伐我北鄙圍成○大雩○冬叔孫豹如
晉
十有七年春王二月庚午邾子瞷卒瞷音閑左氏作牼○宋
人伐陳○夏衞石買帥師伐曹○秋齊侯伐我北
鄙圍桃○齊高厚帥師伐我北鄙圍防○九月大雩
○宋華臣出奔陳○冬邾人伐我南鄙

十有八年。春。白狄來。不言朝。不能行朝禮。○朝直遥反夏。晉人執衛行人石買。稱行人。怨接於上也。怨其君而執其使。稱行人明使人爾。罪在上也。○其使所吏反。下同○秋。齊侯伐我北鄙。○冬。十月。公會晉侯。宋公。衛侯。鄭伯。曹伯。莒子。邾子。滕子。薛伯。杞伯。小邾子。同圍齊。非圍而曰圍。據實伐齊有大焉。亦有病焉。齊若無罪。諸侯豈得同病之乎非大而足同與。齊非大國。諸侯豈足同共圍之與。○同與音餘諸侯同罪之也。亦病矣。諸侯同罪非大國。是不量力。必爲大國所讎。則亦病矣○曹伯負芻卒于師。閔之也。○楚公子午帥師伐鄭

十有九年。春。王正月。諸侯盟于祝柯。前年同圍齊之諸侯也。祝柯。齊地。○祝柯古河反。注同晉人執邾子。公至自伐齊。春秋之義。已伐而盟。復伐者。則以伐致。京城北之類是。○復扶又反。下及注皆同盟不復伐

者則以會致會于蕭魚之類是祝柯之盟盟復伐齊與恠不以會致○
與音餘曰非也不復伐齊然則何爲以伐致也曰與人同事。
或執其君或取其地同與邾圍齊而晉執其君曾取其地此與盟後復伐無異○取邾田
自漷水以漷水爲界○漷水火虢反又音郭水名軋辭也軋委曲隨漷水言取邾田之多○軋於八反其
不日惡盟也○惡烏路反○季孫宿如晉○葬曹成公○
夏衞孫林父帥師伐齊○秋七月辛卯齊侯瑗卒
○晉士匄帥師侵齊至穀聞齊侯卒乃還還者事
未畢之辭也受命而誅生死無所加其怒不伐喪
善之也善之則何爲未畢也君不尸小事臣不專
大名善則稱君過則稱己則民作讓矣士匄外專
君命故非之也然則何爲士匄者宜奈何宜墠帷而

歸命乎介除地爲墠於墠張帷反命于介介歸告君君命乃還不敢專也○墠音善介音界副使也○八月。丙辰仲孫蔑卒○齊殺其大夫高厚○鄭殺其大夫公子嘉○冬葬齊靈公○城西郛○叔孫豹會晉士匄于柯柯地○城武城

二十年春王正月辛亥仲孫速會莒人盟于向向莒邑○向舒亮反○夏六月庚申公會晉侯齊侯宋公衛侯鄭伯曹伯莒子邾子滕子薛伯杞伯小邾子盟于澶淵澶淵衛地○澶市然反○秋公至自會○仲孫速帥師伐邾○蔡殺其大夫公子濕蔡公子履出奔楚○陳侯之弟光出奔楚諸侯之尊弟兄不得以屬通其弟云者親之也親而奔之惡也顯書弟明其親也親而奔遂之所以惡陳侯○弟光左氏

作黃惡烏路反○叔老如齊○冬十月丙辰朔日有食之○

季孫宿如宋

二十有一年春王正月公如晉○邾庶其以漆閭

丘來奔以者不以者也凱曰人臣無專祿以邑叛之道○漆音七閭力居反來奔者

不言出舉其接我者也漆閭丘不言及小大敵也

○夏公至自晉○秋晉欒盈出奔楚○九月庚戌

朔日有食之○冬十月庚辰朔日有食之○曹伯

來朝○朝直遙反○公會晉侯齊侯宋公衛侯鄭伯曹伯

莒子邾子于商任商任某地○任音壬○庚子孔子生

二十有二年春王正月公至自會○夏四月○秋

七月辛酉叔老卒○冬公會晉侯齊侯宋公衛侯

鄭伯曹伯莒子邾子滕子薛伯杞伯小邾子于沙隨○公至自會○楚殺其大夫公子追舒

二十有三年春王二月癸酉朔日有食之○三月己巳杞伯匄卒○匄古害反○夏邾畀我來奔○畀必二反○葬杞孝公○陳殺其大夫慶虎及慶寅稱國以殺罪累上也及慶寅慶寅累也陳侯之弟光自楚歸于陳光反稱弟言歸無罪明矣○晉欒盈復入于晉入于曲沃曲沃晉地○復扶又反○秋齊侯伐衛遂伐晉○八月叔孫豹帥師救晉次于雍渝雍渝晉地○雍於用反又如字渝羊朱反言救後次非救也惡其不遂君命而專止次故先通君命而後言次尊君抑臣之義鄭嗣曰次止也凡先書救而後言次皆非救也僖元年齊師宋師曹師次于聶北救邢此師本欲止聶北遥爲之援爾隨其本意而書故先言次而後言救豹本受君命救晉中道不能故先言救而後言次若鄭伯未見諸侯

而曰如會致其本意○惡其烏路反下傳惡之同聶北不輒反中道丁仲反又如字○巳卯仲孫速卒○
冬十月乙亥臧孫紇出奔邾其日正臧孫紇之出
也正其有罪蘧伯玉曰不以道事其君者其出乎必不見容○蘧
其居反○晉人殺欒盈惡之弗有也不言殺其大夫是不有之以為大夫○齊
侯襲莒輕行掩其不備曰襲○輕遣政反又如字
二十有四年春叔孫豹如晉○仲孫羯帥師侵齊
○夏楚子伐吳○秋七月甲子朔日有食之既○
齊崔杼帥師伐莒○大水○八月癸巳朔日有食
之○公會晉侯宋公衛侯鄭伯曹伯莒子邾子滕
子薛伯杞伯小邾子于夷儀○冬楚子蔡侯陳侯
許男伐鄭○公至自會○陳鍼宜咎出奔楚鍼其廉反咎

其九反○叔孫豹如京師○大饑。五穀不升爲大饑升成也一穀不升謂之嗛嗛不足貌嗛去簟反○二穀不升謂之饑。三穀不升謂之饉○饉音近四穀不升謂之康康虛五穀不升謂之大侵侵傷大侵之禮。君食不兼味。臺榭不塗塗墍飾○榭音謝墍烏路反又烏洛反弛侯。廷道不除弛廢也侯射侯也廢侯不燕射廷內道路不脩除。○弛侯式氏反廷道徒佞反朝廷之道也一音庭百官布而不制官職脩列不可闕廢不更有造作鬼神禱而不祀周書曰大荒有禱無祀此大侵之禮也

二十有五年。春。齊崔杼帥師伐我北鄙。○夏。五月。乙亥。齊崔杼弒其君光。莊公失言。淫于崔氏放言將淫崔氏爲此見弒也邵曰淫過也言莊公言語失漏有過於崔子而崔子弒之故傳載其致弒之由以明崔杼之罪甚○爲此于僞反下爲其同○公會晉侯。宋公。衞侯。鄭伯。曹伯。莒子。邾子。滕子。薛

伯、杞伯。小邾子。于夷儀。六月。壬子。鄭公孫舍之帥師入陳。秋。八月。己巳。諸侯同盟于重丘會夷儀之諸侯也重丘齊地○重直龍反公至自會。衛侯入于夷儀夷儀本邢地衛滅邢而爲衛地○楚𡿾建帥師滅舒鳩○𡿾居勿反○冬。鄭公孫夏帥師伐陳○夏戶雅反○十有二月。吳子謁伐楚門于巢卒。以伐楚之事。門于巢卒也所以攻巢之門者爲其伐楚之事故也然則伐楚經巢○子謁左氏作遏于巢者。外乎楚也若但言伐楚卒而不言于巢者則卒在楚也言于巢則不在楚門于巢。乃伐楚也先攻巢然後楚乃可得伐諸侯不生名。取卒之名。加之伐楚之上者。見以伐楚卒也。其見以伐楚卒何也據伐楚惡事無緣致本意○見賢徧反古者大國過小邑。小邑必飾城而請罪。禮也飾城者脩守備請罪問所以爲闕致師之意○守備手又反或如字吳子謁伐楚至巢。入其門。門人射吳子。有矢創。反舍而卒。古者雖有文事。必有武備。非巢之不飾城而請罪。非吳子之自輕也。非責○射食亦反創初良反

二十有六年。春。王二月。辛卯。衛甯喜弒其君剽。此不正。其日何也。殖也立之。喜也君之。正也。父立以爲君則子宜君之以明正也○君剽匹妙反○衛孫林父入于戚以叛。○甲午。衛侯衎復歸于衛。日歸。見知弒也。書喜弒君衎可言歸衎實與弒故録日以見之書日所以知其與弒者言辛卯弒君甲午便歸是待弒而入故得速也○衎苦旦反一本作衍見知賢遍反實與音豫下同○夏。晉侯使荀吳來聘。○公會晉人。鄭良霄。宋人。曹人。于澶淵。○秋。宋公殺其世子痤。○痤在禾反○晉人執衛甯喜。○八月。壬午。許男甯卒于楚。宣九年九月辛酉晉侯黑臀卒于扈傳曰其日未踰竟也此乃在楚何以

日邪隱三年八月庚辰宋公和卒傳曰日卒正也許男卒于楚則在外已顯日卒明其正○竟音境○冬，楚子、蔡侯、陳侯伐鄭。○葬許靈公。

二十有七年，春，齊侯使慶封來聘。○夏，叔孫豹會晉趙武、楚屈建、蔡公孫歸生、衛石惡、陳孔奐、鄭良霄、許人、曹人于宋。○奐呼亂反○衛殺其大夫甯喜。稱國以殺，罪累上也。甯喜弑君，其以累上之辭言之，何也？嘗爲大夫，與之涉公事矣。鄭嗣曰若獻公以喜有弑君之罪而殺之則不宜旣入以爲大夫而復殺之明以他故○復扶又反甯喜由君弑君，而不以弑君之罪罪之者，惡獻公也。獻公即衎也鄭嗣曰書甯喜弑其君則喜之罪不嫌不明今若不言喜之無罪而死則獻公之惡不彰○惡獻烏路反○衛侯之弟專出奔晉。○專左氏作鱄專，喜之徒也。專之爲喜之徒，何也？己雖急納其兄，與人之臣。謀弑其君。是亦弑君者也。專其曰弟何也據稱弟則無罪。○已音紀專有是信者言君本使專與喜爲約納君許以寵賂今反殺之獻公使專失信故稱弟見獻公之惡也。○見賢徧反君賂不入乎喜而殺喜。是君不直乎喜也。故出奔晉。織約邯鄲終身不言衛恥失信。○約其俱反邯音寒鄲音丹專之去。合乎春秋何休曰甯喜本弑君之家獻公過而殺之小負也專以君之小負自絶非大義也何以合乎春秋鄭君釋之曰甯喜雖弑君之家本專與約納獻公爾公由喜得入已與喜以君臣從事矣春秋撥亂重盟約今獻公背之而殺忠于已者是獻公惡而難親也獻公既惡而難親專又與喜爲黨懼禍將及君子見幾而作不俟終日微子去紂孔子以爲上仁專之去衛其心若此合于春秋不亦宜乎。○與約如字又於妙反下同爲約于僞反本或作盟約背之音佩○秋。七月。辛巳。豹及諸侯之大夫盟于宋。溴梁之會。諸侯在而不曰諸侯之大夫。大夫不臣也。晉趙武恥之。豹云者。恭也不舉氏姓諸侯不在而曰諸侯之大夫。大夫臣也。其臣

恭也晉趙武爲之會也○冬十有二月乙亥朔日有食之

二十有八年春無冰○夏衛石惡出奔晉○邾子來朝○（朝直遥反）秋八月大雩○仲孫羯如晉○冬齊慶封來奔○十有一月公如楚○十有二月甲寅天王崩（靈王）○乙未楚子昭卒

二十有九年春王正月公在楚閔公也（閔公爲楚所制故存録）○夏五月公至自楚喜之也（凱曰遠之蠻國喜得全歸）致君者殆其往（殆危）而喜其反此致君之意義也○庚午衛侯衎卒○閽弑吴子餘祭閽門者也寺人也不稱名姓閽不得齊於人不稱其君閽不得君其君也禮君

八十七○不使無恥○不近刑人無恥不知臧否○閽音昏守門人也祭側界反寺人本又作侍人不近附近之近下同否音鄙又方九反不狎敵○不邇怨○賤人非所貴也○貴人非所刑也○刑人非所近也○舉至賤而加之吳子○吳子近刑人也○閽弒吳子餘祭○仇之也怨仇餘祭故弒之○狎戶甲反怨於願反又於元反仇音求○仲孫羯會晉荀盈○齊高止○宋華定○衛世叔儀○鄭公孫段○曹人○莒人○邾人○滕人○薛人○小邾人○城杞○古者天子封諸侯其地足以容其民其民足以滿城以自守也○杞危而不能自守○故諸侯之大夫相帥以城之○此變之正也諸侯微弱政由大夫大夫能同恤災危故曰變之正○晉侯使士鞅來聘○杞子來盟杞復稱子蓋時王所黜○復扶又反○吳子使札來聘杜預曰吳子餘祭既遣札聘上國而後死札以六月到魯未聞喪也不稱公子其禮未同於上國○札側八反吳其

稱子何也善使延陵季子故進之也身賢賢也使賢亦賢也延陵季子之賢尊君也以季札之賢吴子得進稱子是尊君也其名成尊於上也春秋賢者不名而札名者許夷狄不一而足唯成吴之尊稱直稱吴則不得有大夫○尊稱尺證反

○秋九月葬衛獻公○齊高止出奔北燕其曰北燕從史文也南燕姞姓在鄭衛之間北燕姬姓在晉之北史曰北燕據時然故不改也傳所言解時但有言□燕者○北燕音烟國名姞其乙反又其吉反

○冬仲孫羯如晉

三十年春王正月楚子使薳罷來聘聘例時此聘月之何也泰曰桓二年宋督弑其君與夷傳曰書王以正與夷之卒然則義有所明皆須王以正之書王必上繫于春下統于月此書王以治蔡般弑父之罪爾非以録薳罷之聘○薳罷于委反下音皮與夷如字又音餘宋殤公名

○夏四月蔡世子般弑其君固其不日子奪父政是謂夷之比之夷狄故不日也丁未楚世子商臣弑其父傳曰日髡之卒所以謹商臣之弑也楚公子比弑其君傳曰不日比不弑般弑不日而曰夷之何也徐乾曰凡中國君正卒皆書日

以録之夷狄君卒皆不日以略之所以別中國與夷狄夷狄弑君而日者閔其爲惡之甚謹而録之中國君卒例日不以弑與不弑也至于卒而不日者乃所以略之與夷狄同例○子般音班本又作班髡苦門反以別彼列反○五月。甲午。宋災伯姬卒。取卒之日。加之災上者。見以災卒也。其見以災卒奈何。伯姬之舍失火。左右曰。夫人少辟火乎。伯姬曰。婦人之義。傅母不在。宵不下堂。宵夜○見以賢徧反辟音避下同左右又曰。夫人少辟火乎。伯姬曰。婦人之義。保母不在。宵不下堂。遂逮乎火而死。婦人以貞爲行者也。伯姬之婦道盡矣。詳其事。賢伯姬也。○逮音代又大計反行下孟反○天王殺其弟佞夫。傳曰。諸侯且不首惡。況於天子乎。君無忍親之義。天子諸侯所親者。唯長子母弟耳。天王殺其弟佞夫。甚之也。○長丁丈反○王子瑕

奔晉（不言出周無外）○秋七月叔弓如宋葬共姬（共姬從夫之諡○共音恭）外
夫人不書葬此其言葬何也吾女也卒災故隱而
葬之也○鄭良霄出奔許自許入于鄭鄭人殺良
霄不言大夫惡之也（○惡烏路反）○冬十月葬蔡景公不
日卒而月葬不葬者也卒而葬之不忍使父失民
於子也（鄭嗣曰夫葬者臣子之事也景公無子不可謂無民無民則景公有失於民有民則罪歸於子若不書葬則嫌亦失民故曰不忍使父失民於子）○晉人齊人宋人衛人鄭人曹人莒人邾
人滕人薛人杞人小邾人會于澶淵宋災故會不
言其所為其曰宋災故何也不言災故則無以見
其善也其曰人何也救災以衆何救焉更宋之所
喪財也（償其所喪財故雖不及災時而猶曰救災○所為于僞反以見賢徧反更音庚償也喪息浪反償時亮反）澶淵

之會中國不侵伐夷狄夷狄不入中國無侵伐八年善之也晉趙武楚屈建之力也

三十有一年春王正月夏六月辛巳公薨于楚宮楚宮非正也（楚宮別宮名非路寢）秋九月癸巳子野卒（襄公大子大音泰）子卒日正也己亥仲孫羯卒冬十月滕子來會葬（書非禮）癸酉葬我君襄公十有一月莒人弑其君密州

# 春秋穀梁卷第九

經傳肆阡陸伯捌拾玖字　注貳阡柒伯玖拾壹字

音義玖伯零單肆字　余仁仲刊于家塾

# 春秋穀梁傳昭公第十（○昭公名裯景王四年即位）

范甯集解

元年春王正月公即位繼正即位正也○叔孫豹會晉趙武楚公子圍齊國弱宋向戌衞齊惡陳公子招蔡公孫歸生鄭罕虎許人曹人于郭（招上昭反郭左氏作虢）○三月取鄆（鄆曾邑言取者叛戾不服○鄆音運）○夏秦伯之弟鍼出奔晉諸侯之尊弟兄不得以屬通其弟云者親之也親而奔之惡也（鍼其廉反惡烏路反）○六月丁巳邾子華卒

○晉荀吳帥師敗狄于大原（大原地大音泰）傳曰中國曰大原夷狄曰大鹵號從中國名從主人（襄五年注詳矣○鹵力古反）

○秋莒去疾自齊入于莒莒展出奔吳○叔弓帥師

疆鄆田。疆之爲言猶竟也。爲之境界○去起吕反竟音境○葬邾悼公。○冬。十有一月。己酉。楚子卷卒。○卷音權左氏作麇○楚公子比出奔晉。

二年。春。晉侯使韓起來聘。○夏。叔弓如晉。○秋。鄭殺其大夫公孫黑。○冬。公如晉。至河乃復。乃者亡乎人之辭剌公弱劣受制疆臣恥如晉。故著有疾也。公凡四如晉季氏訴公于晉侯使不見公公懼不利于已故公託至河有疾而反以殺恥也十二年傳曰季氏不使遂乎晉與此傳互文以見義然則十三年二十一年如晉與此義同二十三年經曰至河有疾乃復是微有疾而反嫌與上四如晉同故明之○見去聲○季孫宿如晉。公如晉而不得入。季孫宿如晉而得入。惡季孫宿也。明晉之不見公季孫宿之所爲○惡烏路反

三年。春。王正月。丁未。滕子原卒。○夏。叔弓如滕。○

五月葬滕成公○秋小邾子來朝朝直遥反○八月大雩○冬大雨雹雨于付反雹皮學反○北燕伯欵出奔齊其曰北燕從史文也

四年春王正月大雨雪雪或爲雹○雨雪于付反左氏作雨雹○夏楚子蔡侯陳侯鄭伯許男徐子滕子頓子胡子沈子小邾子宋世子佐淮夷會于申楚靈王始會諸侯也○沈音審楚人執徐子稱人以執執有罪○秋七月楚子蔡侯陳侯許男頓子胡子沈子淮夷伐吴衆國之君傾衆悉力以伐彊敵内外之害重故謹而月之定四年伐楚亦月此其例也執齊慶封殺之此入而殺其不言入何也慶封封乎吴鍾離言時殺慶封自于鍾離實不入吴其不言伐鍾離何也不與吴封也慶封其以齊氏何也據已絶于齊爲齊討也靈

王使人以慶封令於軍中曰。有若齊慶封弒其君者乎。謂與崔杼共弒莊公光。○爲于僞反慶封曰。子一息。我亦且一言。曰。有若楚公子圍弒其兄之子而代之爲君者乎。軍人粲然皆笑。粲然盛笑貌。○粲七旦反慶封弒其君。而不以弒君之罪罪之者。慶封不爲靈王服也。不與楚討也。傳例曰稱人以殺大夫爲殺有罪今殺慶封經不稱人故曰不以弒君之罪罪之。○爲于僞反春秋之義。用貴治賤。用賢治不肖。不以亂治亂也。孔子曰。懷惡而討。雖死不服。其斯之謂與。○與音餘遂滅厲。遂。繼事也。○九月。取繒。○冬。十有二月。乙卯。叔孫豹卒。

五年。春。王正月。舍中軍。貴復正也。魯次國舊二軍襄十一年立三軍今毀之故曰復正。○舍音捨○楚殺其大夫屈申。○屈居勿反○公如晉。○夏。

莒牟夷以牟婁及防茲來奔以者不以者也來奔
者不言出（以其方向内也）及防茲以大及小也莒無大夫其
曰牟夷何也以其地來也以地來則何以書也重
地也（竊地之罪重故不得不録其人）○秋七月公至自晉○戊辰叔弓
帥師敗莒師于賁泉（賁泉魯地○賁泉扶粉反左氏作蚡泉）狄人謂賁泉
失台號從中國名從主人（○台湯來反）○秦伯卒○冬楚
子蔡侯陳侯許男頓子沈子徐人越人伐吳
六年春王正月杞伯益姑卒○葬秦景公○夏季
孫宿如晉○葬杞文公○宋華合比出奔衛（○比必里反又毗志）
反○秋九月大雩○楚薳罷帥師伐吳○冬叔弓
如楚○齊侯伐北燕

九十。

七年。春。王正月。暨齊平。○暨其器反 平者成也。暨猶暨暨也。暨者不得已也。以外及內曰暨。○三月。公如楚。○叔孫婼如齊莅盟。○婼丑略反 莅音利又音類 莅位也。內之前定之辭謂之莅。外之前定之辭謂之來。○夏。四月。甲辰朔。日有食之。○秋。八月。戊辰。衛侯惡卒。鄉曰衛齊惡。元在年○鄉香亮反本亦作曏鄉八年同 今曰衛侯惡。此何爲君臣同名也。君子不奪人名。不奪人親之所名。重其所以來也。王父名子也。不奪人名謂親之所名明臣雖欲改君不當聽也君不聽臣易名者欲使人重父命也父受名于王父王父卒則稱王父之命名之○九月。公至自楚。○冬。十有一月。癸未。季孫宿卒。○十有二月。癸亥。葬衛襄公。

八年。春。陳侯之弟招殺陳世子偃師。鄉曰陳公子招在元年今曰陳侯之弟招何也曰盡其親所以惡招也盡其親謂既稱公子又稱弟招先君之公子今君之毋弟○惡烏路反兩下相殺不志乎春秋此其志何也世子云者唯君之貳也云可以重之存焉志之也諸侯之尊弟兄不得以屬通其弟云者親之也親而殺之惡也惡招○夏四月辛丑陳侯溺卒○溺乃歷反○叔弓如晉○楚人執陳行人干徵師殺之干姓徵師名稱人以執大夫執有罪也稱行人怨接於上也陳公子留出奔鄭○秋蒐于紅紅魯地蒐所求反紅戶公反正也常事不書而此書者以後比年大蒐失禮因此以見正○見賢徧反因蒐狩以習用武事禮之大者也艾蘭以爲防蘭香草也防爲田之大限○狩手又反艾魚廢反置旃以爲轅門旃旌旗之名周禮通帛爲旃轅門卬車以其轅表門○旃之然反卬車五郎反一音

仰本又作昂以葛覆質以爲槷質椹也槷門中臬葛或爲褐○槷魚列反門橜也椹張林反臬魚列反撅也褐户葛反毛布也流旁握御轚者不得入流旁握謂車兩轊頭各去門邊容握握四寸也轚挂則不得入門○轚古帝反挂也劉兆云絓也本或作轚轊音衞一音徐歲反車軸頭也挂户卦反又音卦礙也車軌塵塵不出轍馬候蹄發足相應遲疾相投○蹄徒兮反馬足也相應應對之應揜禽旅揜取衆禽○揜於撿反本亦作掩御者不失其馳然後射者能中不失馳騁之節○中丁仲反下皆同過防弗逐不從奔之道也戰不逐奔之義面傷不獻嫌誅降降户江反不成禽不獻惡虐幼少○惡烏路反年末傳及注皆同少詩召反禽雖多天子取三十焉其餘與士衆以習射於射宮取三十以共乾豆賓客之庖射宮擇宮○共音恭庖步交反射而中田不得禽則得禽田得禽而射不中則不得禽是以知古之貴仁義而賤勇力也射以不爭爲仁揖讓爲義○爭爭鬬之爭○陳人殺其大夫公子過○過音戈○大雩○

冬，十月，壬午，楚師滅陳，執陳公子招，放之于越，殺陳孔奐。惡楚子也。惡其滅人之國，放有罪之人，反殺無辜之臣，故實貫是楚子而言師。○葬陳哀公。不與楚滅，閔之也。滅國不葬，閔楚夷狄以無道滅之，故書葬以存陳。

九年，春，叔弓會楚子于陳。○許遷于夷。以自遷爲文，而地者，許復見也。夷，許地。徐邈曰：許十八年又遷于白羽，許比遷徙，所都無常，居處淺薄，如一邑之移，故略而不月，不得從國遷常例。○復，扶又反。見，賢徧反。○夏，四月，陳火。○火，左氏作災。國曰災，邑曰火。火不志，此何以志？閔陳而存之也。陳已滅矣，猶書火者，不與楚滅也。不可以方全國，故不云災。何休曰：月者，閔之。○秋，仲孫貜如齊。○貜，俱縛反。○冬，築郎囿。○囿音又，舊于目反，苑也。

十年，春，王正月。○夏，齊欒施來奔。○秋，七月，季孫意如、叔弓、仲孫貜帥師伐莒。○戊子，晉侯彪卒。○彪，彼虬反。○九月，叔孫婼如晉。月者，爲下葬晉平公起。○爲，于僞反。○葬晉平公

○十有二月甲子宋公成卒不書冬甯所未詳○成音城

十有一年春王二月叔弓如宋○葬宋平公晉獻公以殺世子申生故不書葬宋平公殺世子痤而書葬何乎何休曰痤有罪故也痤之罪甯所未聞鄭莊公殺弟而書葬以段不弟也何氏將以理例推之然則段不弟也故不書弟痤若不子亦不應書世子書世子則痤之罪非不子明矣○痤在禾反不弟大帝反又如字下不弟同 ○夏四月丁巳楚子虔誘蔡侯般殺之于申何爲名之也據諸侯不生名○虔其然反或作乾侯般音班夷狄之君誘中國之君而殺之故謹而名之也稱時稱月稱日稱地謹之也蔡侯般弑父之賊此人倫之所不容王誅之所必加禮凡在官者殺無赦豈得惡楚子殺般乎若謂夷狄之君不得行禮于中國者理既不通事又不然宜十一年楚人殺陳夏徵舒不言入傳曰明楚之討有罪也似若上下違反不兩立之說嘗試論之曰夫罰不及嗣先王之令典懷惡而討丈夫之醜行楚虔滅人之國殺人之子伐不以罪亦已明矣莊王之討徵舒則異於是矣凡罰當其理雖夷必申苟違斯道雖華必抑故莊王得爲伯討齊侯不得滅紀趙盾救陳則稱師以大之靈王誘蔡則書名以惡之所以情禮俱暢善惡兩顯豈直惡夷狄之君討中國之亂哉

夫楚靈王之殺蔡般亦猶晉惠之戮里克雖伐弒逆之國誅有罪之人不獲討賊之美而有累謹之名者良有以也○得惡烏路反下以惡之豈直惡同陳夏戶雅反醜行下孟反罰當丁浪反又如字趙肴徒本反有累力僞反○楚公子棄疾帥師圍蔡○五月甲申夫人歸氏薨昭公母胡女歸姓○大蒐于比蒲夏而言蒐蓋用秋蒐之禮八年秋蒐于紅傳曰正也此月大蒐人衆器械有踰常禮時有小君之喪不譏喪蒐者重守國之衛安不忘危○比音毗械戶戒反○仲孫貜會邾子盟于祲祥祲祥地也○祲子鴆反○秋季孫意如會晉韓起齊國弱宋華亥衛北宮佗鄭罕虎曹人杞人于厥慭厥慭地也○佗大河反慭魚靳反又五轄反○九月己亥葬我小君齊歸齊謚○冬十有一月丁酉楚師滅蔡執蔡世子友以歸用之僖十九年邾人執繒子用之傳曰用之者叩其鼻以衈血惡之故謹而日之○叩音口衈音二惡烏路反下文及注同此子也諸侯在喪稱子其曰世子何也不與楚殺也一事注乎志所以惡楚子也一事輒注而志

之也何休曰即不與楚殺當貶楚爾何故反貶蔡稱世子邪鄭君釋之曰滅蔡者楚子也而稱師固已貶矣楚子思啓封疆而貪蔡誘殺蔡侯般冬而滅蔡殺友惡其淫放其志殺一國二君以取其國故變子言世子使若不得其君終

十有二年。春。齊高偃帥師納北燕伯于陽三年所奔齊者高傒玄孫齊大夫也陽燕別邑不言于燕未得國都也納者。内不受也。燕伯之不名何也據義不可受則應忽名以絕之不以高偃挈燕伯也邵曰公子遂以去公子爲挈燕伯以書名名爲挈者臣宜書名故須去公子乃爲挈君不可名而以臣名君者不待去燕伯則爲挈也是以目燕伯而不書名所以不與高偃挈之○挈苦結反以去起呂反○三月。壬申。鄭伯嘉卒。○夏宋公使華定來聘。○公如晉。至河乃復。季孫氏不使遂乎晉也。○五月。葬鄭簡公。○楚殺其大夫成虎。○秋七月。○冬十月。公子憖出奔齊○憖魚覲反○楚子伐徐○晉伐鮮虞。其曰晉。狄之也。其狄之何也。不正其與夷狄交伐中國。故狄稱之也。鮮虞姬姓白狄也地居中山故曰中國夷狄謂楚也何休曰春秋多與夷狄並伐者何以不狄也鄭君釋之曰晉不見因會以綏諸夏而伐同姓貶之可也狄之大重晉爲厥慭之會實謀救蔡以八國之師而不能救楚終滅蔡今又伐徐晉不糾合諸侯以遂前志舍而伐鮮虞是楚而不如也故狄稱之焉厥慭之會穀梁無傳鄭君之說似依左氏甯所未詳是穀梁意非○見賢徧反諸夏戶雅反舍音捨

十有三年。春。叔弓帥師圍費。○費音秘

○夏。四月。楚公子比自晉歸于楚。弒其君虔于乾溪。乾溪楚地○溪苦兮反

○自晉。晉有奉焉爾。歸而弒。不言歸。言歸非弒也。傳例曰歸爲善自某歸次之然則弒君不得言歸比不弒之一驗也歸一事也。弒一事也。而遂言之。以比之歸弒。比不弒也。歸弒其事各異自宜別書之而今連言之是比之歸遇君弒爾比不弒之二驗也弒君者日。不日。比不弒也。據文元年丁未楚世子商臣弒其君髠日此不日比不弒之三驗也○髠苦門反

○楚公子棄疾殺公子比。當上之辭也。

卷十　七

當上之辭者。謂不稱人以殺。乃以君殺之也（稱人以殺謂若衛人殺祝吁于濮是也今比實不弒故以君殺大夫之辭言之○吁香于反濮音卜）討賊以當上之辭殺非弒也（實有弒君之罪則人人皆欲殺宜稱人以殺之今言楚公子棄疾殺公子比明棄疾所殺非弒君之人比之不弒四驗也）比之不弒有四（上四事）取國者稱國以弒（若比欲取國而弒君者當直云楚比弒其君虔不應言公子也若衛祝吁弒其君完齊無知弒其君諸兒之類是也）楚公子棄疾殺公子比。比不嫌也（今棄疾殺之又言殺公子比不言弒其君是比無欲為君之嫌）春秋不以嫌代嫌（不以亂治亂之義）棄疾主其事。故嫌也（比實無弒君之罪而主殺之者是棄疾欲為君之嫌）

○秋。公會劉子。晉侯。齊侯。宋公。衛侯。鄭伯。曹伯。莒子。邾子。滕子。薛伯。杞伯。小邾子。于平丘。（平丘地也）八月。甲戌。同盟于平丘。公不與盟（公以再如晉不得入故不肯與盟○與音豫）同者有同也。同外楚也。公不與盟者。可以與而不與。

譏在公也。其日，善是盟也。公不與盟當從外盟不日今日之善其會盟因楚有難而反陳蔡之君。○有難乃旦反

晉人執季孫意如以歸。以公不與盟故

公至自會。

○蔡侯廬歸于蔡。○陳侯吳歸于陳。八年楚滅陳十一年楚滅蔡諸侯會而復之故言歸

善其成之會而歸之，故謹而日之。二國獲復此盟之功也故於其歸追述前盟謹日之意以美諸侯存亡繼絕非謹陳蔡歸國之日也於盟則發謹日之美於歸則論致美之義

此未嘗有國也。使如失國辭然者，不與楚滅也。

○冬，十月。

葬蔡靈公。變之不葬有三，變之謂改常禮春秋之常小國夷狄不葬失德不葬，無君道弒君不葬，謂不討賊如無臣子滅國不葬。無臣子也然且葬之，不與楚滅，且成諸侯之事也。蔡靈公弒逆無道以至身死國滅不宜書葬書葬者不令夷狄加乎中國且成諸侯興滅繼絕之善故葬之○令力呈反

○公如晉，至河乃復。

○吳滅州來。

十有四年。春。意如至自晉。大夫執則致。致則名。意如惡。然而致見君臣之禮也大夫有罪則宜廢之既不能廢不得不盡爲君臣之恩故曰見君臣之禮○見君賢徧反○三月。曹伯滕卒。○夏。四月。○秋。葬曹武公。○八月。莒子去疾卒。○去起呂反○冬。莒殺其公子意恢。○恢苦回反言公子而不言大夫。莒無大夫也。莒無大夫而曰公子意恢。意恢賢也。曹莒皆無大夫。其所以無大夫者。其義異也。曹叔振鐸文王之子武王封之于曹在甸服之内後削小爾莒已姓東夷本微國○振鐸之慎反下大各反甸徒徧反已姓音已一本又音祀

十有五年。春。王正月。吴子夷末卒。○末亡葛反○二月。癸酉。有事于武宮。籥入。叔弓卒。去樂卒事。君在祭樂之中。聞大夫之喪。則去樂卒事。禮也。祭樂者君在廟中祭作樂○籥

由若反去起呂反君在祭樂之中。大夫有變。以聞可乎變謂死喪大夫。國體也君之卿佐是謂股肱故曰國體古之人重死。君命無所不通死者不可復生重莫大焉是以君雖在祭樂之中大夫死以聞可也○復扶又反○夏。蔡朝吳出奔鄭朝吳蔡大夫○六月。丁巳朔。日有食之○秋。晉荀吳帥師伐鮮虞○冬。公如晉

十有六年。春。齊侯伐徐○楚子誘戎蠻子殺之楚子不名戎蠻子非中國故○夏。公至自晉○秋。八月。己亥。晉侯夷卒○九月。大雩○季孫意如如晉○冬。十月。葬晉昭公

十有七年。春。小邾子來朝○朝直遙反○夏。六月。甲戌朔。日有食之○秋。郯子來朝○八月。晉荀吳帥師滅

陸渾戎滅夷狄時潞子嬰兒賢則曰此月者蓋亦有殊于常戎○冬有星孛于大辰一有一亡曰有于大辰者濫于大辰也劉向曰大辰者大火也不曰孛于大火而曰大辰者謂濫于蒼龍之體不獨加大火○星孛蒲內反孛于本又作茀音佩○楚人及吳戰于長岸長岸楚地兩夷狄曰敗夷狄不能結日成陳故曰敗於越敗吳于檇李是也○曰敗必邁反下文及注同成陳直刃反檇李音醉中國與夷狄亦曰敗晉荀吳敗狄于大鹵是也楚人及吳戰于長岸進楚子故曰戰

十有八年春王三月曹伯須卒○夏五月壬午宋衛陳鄭災其志以同日也其日亦以同日也或曰人有謂鄭子產曰某日有災子產曰天者神子惡知之是人也同日為四國災也○惡音烏○六月邾人入鄅○鄅音禹又音矩○秋葬曹平公○冬許遷于白羽白羽許地

十有九年。春。宋公伐邾。夏。五月。戊辰。許世子止弒其君買。日弒。正卒也。蔡世子般實弒父故以比夷狄而不書日止弒而日知其不弒止不弒則買正卒也正卒則止不弒也。不弒而曰弒。責止也。責止不嘗藥止曰。我與夫弒者。不立乎其位。以與其弟虺。止自責曰我與弒君之人同罪於是致君位於弟○與夫音豫又如字下音扶虺許鬼反哭泣歠飦粥。嗌不容粒。嗌喉也○歠昌悅反又常悅反飦之然反又居言反粥之六反嗌音益咽喉也容粒音立未踰年而死。故君子即止自責而責之也。就其有自責之心故以備禮責之○己卯。地震。○秋。齊高發帥師伐莒。○冬。葬許悼公。日卒時葬。不使止爲弒父也。曰。子既生。不免乎水火。母之罪也。羈貫成童。不就師傅。父之罪也。羈貫謂交午翦髮以為飾成童八歲以上○羈又作羇貫古亂反就師學問無方。心志不通。身之罪也。

五、八十五

心志既通而名譽不聞友之罪也名譽既聞有司不舉有司之罪也有司舉之王者不用王者之過也不敢罪上故言過許世子止不知嘗藥累及許君也許君不授子以師傅使不識嘗藥之義故累及之○累劣偽反

二十年春王正月○夏曹公孫會自夢出奔宋自夢者專乎夢也能專制夢○自夢無工反又亡忠反又亡弄反本或作蔑左氏作鄸曹無大夫其曰公孫何也言其以貴取之而不以叛也會以公孫之貴而得夢既而不以之叛明曹君無道致令其奔非會之罪故書公孫以善之○令力呈反○秋盜殺衛侯之兄輒盜賊也其曰兄母兄也目衛侯衛侯累也凱曰諸侯之尊弟兄不得以屬通經不書衛公子而斥言衛侯之兄者惡其不能保護其兄乃為盜所殺故稱至賤殺至貴○惡烏路反然則何為不為君也嫡兄宜為君○嫡丁歷反曰有天疾者不得

入乎宗廟輒者何也曰兩足不能相過齊謂之綦楚謂之踂衞謂之輒○綦音其又其巽反劉兆云綦連併也踂女輒反又劉兆云聚合不解也輒本亦作縶劉兆云如見絆縶也○冬十月宋華亥向甯華定出奔陳徐邈曰月者蓋三卿同出爲禍害重也君以目爲體民以君爲命凡爲憂者大害民慼甚春秋皆變常文而示所謹非徒足以見時事之實亦知安危監戒云耳○慼昌慮反以見賢徧反○十有一月辛卯蔡侯廬卒

二十有一年春王三月葬蔡平公○夏晉侯使士鞅來聘○宋華亥向甯華定自陳入于宋南里以叛自陳陳有奉焉爾入者内弗受也其曰宋南里宋之南鄙也以者不以者也叛直叛也言不作亂○秋七月壬午朔日有食之○八月乙亥叔輒卒叔弓之子○冬蔡侯東出奔楚東者東國也何爲謂之東也王

父誘而殺焉楚子虔誘蔡侯般殺之于申蔡侯東左氏及公羊作蔡侯朱○父執而用焉執蔡世子友以歸用之是也奔而又奔之○曰東惡之而貶之也奔既罪矣又奔讎國惡莫大焉○惡之烏路反○公如晉○至河乃復

二十有二年○春○齊侯伐莒○宋華亥○向寧○華定自宋南里出奔楚○自宋南里者專也專制南里○大蒐于昌間○間如字一音簡秋而曰蒐○此春也○其曰蒐何也○以蒐事也○夏○四月○乙丑○天王崩○六月○叔鞅如京師○葬景王叔鞅叔弓子天子志崩不志葬葬志危不得以禮葬也月者亦爲葬景王起○亦爲于僞反王室亂○亂之爲言事未有所成也尹氏立子朝劉氏單氏立王猛俱未定也劉子單子○以王猛居于皇皇地單音善○以者不以者也○王猛嫌也直言王猛不言王子是有當國之嫌○秋○劉子○單子○以王猛入于王

城。以者不以者也。入者內弗受也。猛非正也。冬十月。王子猛卒。此不卒者也。未成君也。其曰卒。失嫌也。猛本有當國之嫌。其卒則失嫌，故錄之。十有二月。癸酉。朔日有食之。

二十有三年。春。王正月。叔孫婼如晉。癸丑。叔鞅卒。晉人執我行人叔孫婼。晉人圍郊。郊周邑也。夏。六月。蔡侯東國卒于楚。不日在外也。以罪出奔，又奔讎國，故不葬。秋。七月。莒子庚輿來奔。戊辰。吳敗頓胡沈蔡陳許之師于雞甫。雞甫楚地。雞甫左氏作雞父。胡子髡沈子盈滅。國雖存君死曰滅。髡苦門反。盈本亦作逞。中國不言敗。此其言敗何也。據宣十二年晉荀林父及楚子戰于邲晉師敗績，不言楚敗晉師。中國不敗。胡子髡沈子盈其滅乎。其言敗。釋其滅也。君師不敗則君無由滅也。賢胡沈之君死社稷。獲陳夏齧。獲者。非與之辭也賢夏齧雖獲不病以其得衆也義與華元同○夏戶雅反齧五結反上下之稱也君死曰滅臣得曰獲君目之稱○之稱尺證反注之稱同○天王居于狄泉敬王辟子朝狄泉周地○辟音避始王也其曰天王因其居而王之也天子踰年即位稱王敬王踰年而出故曰始王雖不在國行即位之禮王者以天下爲家故居于狄泉稱王尹氏立王子朝隱四年衛人立晉傳曰稱人以立得衆也此言尹氏立明唯尹氏欲立之立者不宜立者也朝之不名何也據晉之名惡今朝亦惡怪不直名而言王子○惡烏路反下同別嫌乎尹氏之朝也若但言尹氏立朝則嫌朝是尹氏之子故言王子以別之○別彼列反○八月乙未地震○冬公如晉至河公有疾乃復疾不志此其志何也釋不得入乎晉也

二十有四年春王二月丙戌仲孫貜卒○婼至自晉大夫執則致致則挈由上致之也上謂宗廟也致臣于廟則直名而已所謂君前

邑名。挈苦結反 ○夏。五月乙未朔。日有食之 ○秋。八月。大雩。○丁酉。杞伯郁釐卒 ○釐力之反 ○冬。吳滅巢 ○葬杞平公

二十有五年。春。叔孫婼如宋 ○夏。叔倪會晉趙鞅、宋樂大心、衛北宮喜、鄭游吉、曹人、邾人、滕人、薛人、小邾人于黃父 ○有鸜鵒來巢。一有一亡曰有。來者來中國也 鸜鵒不渡濟非中國之禽故曰來 ○鸜其俱反本又作鸜音權左氏作鸜公羊作鸛鵒音欲濟子禮反 鸜鵒穴者而曰巢 劉向曰去穴而巢此陰居陽位臣逐君之象也 或曰增之也 如增言巢爾其實不巢也雍曰凡春秋記災異未有妄加之文或說非也 ○秋。七月。上辛。大雩。季辛。又雩。季者有中之辭也 不言中辛中辛無事 又有繼之辭也 緣有上辛大雩故言又也 ○九月。乙亥。公孫于齊。孫之爲言猶

孫也。諱奔也。次于陽州。次，止也。陽州，齊竟上之地。未敢直前，故止竟也。○公孫音遜，本亦作遜，下同。齊竟音境，下同。齊侯唁公于野井。野井，齊地。齊侯來唁公，公逆之至野井。○唁音彥。弔失國曰唁。唁公不得入於魯也。○冬，十月，戊辰，叔孫婼卒。○十有一月，己亥，宋公佐卒于曲棘。曲棘，宋地。邡公也。邡當爲訪。訪，謀也。言宋公所以卒于曲棘者，欲謀納公。○邡音方，又音訪。○十有二月，齊侯取鄆。取鄆以居公。取，易辭也。内不言取，以其爲公取之，故易言之也。○易，以豉反。爲，于僞反。

二十有六年，春，王正月，葬宋元公。○三月，公至自齊，居于鄆。公次于陽州，其曰至自齊何也？據公但至陽州，未至齊。以齊侯之見公，可以言至自齊也。齊侯唁公于野井，以親見齊侯爲重，故可言至自齊。居于鄆者，公在外也。若但言公至自齊，而不言居于鄆，則公得歸國。欲明公實在外，故言居于鄆至自齊道義不外公也至自齊者臣子喜君父得反致宗廟之辭爾今君雖在外猶以在國之禮錄之是崇君之道○夏公圍成成孟氏邑非國不言圍所以言圍者以大公也崇大其事○秋公會齊侯莒子邾子杞伯盟于鄟陵鄟陵某地○鄟陵音專又市轉反公至自會居于鄆公在外也至自會道義不外公也○九月庚申楚子居卒○冬十月天王入于成周周有入無出也始即位非其所今得還復據宗廟是内故可言入若即位在朝則王者無外不言出尹氏召伯毛伯以王子朝奔楚遠矣非也雖曰奔篡君之賊其責遠矣○召上照反篡初患反奔直奔也

二十有七年春公如齊自鄆行公至自齊居于鄆公在外也○夏四月呉弒其君僚○僚力雕反○楚殺其大夫郤宛○宛於阮反又於元反○秋晉士鞅宋樂祁犁衛北

宫。曹人、邾人、滕人、會于扈。（祁犁力兮反，又力私反。扈音户。）○冬，十月，曹伯午卒。○邾快來奔。（徐邈曰：自此已前，邾畀我、庶其並來奔。今邾快又至，三叛之人俱以魯爲主。邾、魯、曹鄰國，而聚其逋逃爲過之甚，故悉書之以示譏也。小國無大夫，故但舉名而略其氏。○邾快苦夬反。畀必二反，本或作鼻。逋逃布吳反。）○公如齊。公至自齊。居于鄆。

二十有八年，春，王三月，葬曹悼公。○公如晉，次于乾侯。（不得入于晉。乾侯，晉地。）公在外也。○夏，四月，丙戌，鄭伯甯卒。（○甯下滕子甯皆如字。）○六月，葬鄭定公。○秋，七月，癸巳，滕子甯卒。○冬，葬滕悼公。

二十有九年，春，公至自乾侯，居于鄆。（以乾侯致，不得見晉侯故。）齊侯使高張來唁公。○唁公不得入於魯也。○公如晉，次于乾侯。○夏，四月，庚子，叔倪卒。○季孫意如曰叔倪無病而死此皆無公也是天命也非我罪也言叔倪欲納公無病而死此皆天命使魯無君爾魯公之出非我罪○叔倪五計反又五兮反左氏作詣○秋七月○冬十月鄆潰之爲言上下不相得也上下不相得則惡矣亦譏公也公既出奔不能改德脩行居鄆小邑復使潰亂德之不建如此之甚○潰戶內反惡烏路反又如字行下孟反復扶又反昭公出奔民如釋重負傳明昭公有過非但季氏之罪

三十年春王正月公在乾侯中國不存公存公故也中國猶國中也○夏六月庚辰晉侯去疾卒○去起呂反○秋八月葬晉頃公○頃音傾○冬十有二月吳滅徐滅夷狄時月者爲下奔起○爲于僞反徐子章羽奔楚奔而名者有罪惡也○惡烏路反

三十有一年春王正月公在乾侯○季孫意如會晉荀櫟于適歷適歷晉地○櫟音歷舊作躒適丁歷反○夏四月丁巳薛

伯穀卒○晉侯使荀櫟唁公于乾侯○唁公不得入於魯也○曰既爲君言之矣不可者意如也（言已已告魯求納君唯意如不肯○爲于僞反）○秋葬薛獻公○冬黑肱以濫來奔其不言邾黑肱何也（據襄二十一年邾庶其以漆閭丘來奔言邾○肱古弘反濫力甘反又力暫反）別乎邾也（邾以濫邑封黑肱故別之若國○別彼列反）其不言濫子何也（據既別之爲國則應書其爵）非天子所封也○來奔内不言叛也○十有二月辛亥朔日有食之

三十有二年春王正月○公在乾侯○取闞○（闞口暫反）○夏吴伐越○秋七月○冬仲孫何忌會晉韓不信齊高張宋仲幾衛大叔申鄭國參曹人莒人邾人薛人杞人小邾人城成周○天子微諸侯不享覲（享獻也覲

見也言天子微弱四方諸侯不復貢獻又無朝見之禮○大音泰享許丈反覲其靳反見賢徧反復扶又反朝直遥反天子之在者。推祭與號祭謂郊上帝號謂稱王故諸侯之大夫。相帥以城之。此變之正也。○十有二月己未。公薨于乾侯

春秋穀梁卷第十

經傳肆阡壹伯玖拾玖字

注叄阡叄伯肆拾壹字

音義壹阡零陸拾字

仁仲比校訖

# 春秋穀梁傳定公第十一 ○定公名宋昭公庶弟敬王十一年即位

范甯集解

元年春王不言正月定無正也定之無正何也昭公之終非正終也死在外故定之始非正始也昭無正終故定無正始不言即位喪在外也 ○三月晉人執宋仲幾于京師晉執人於尊者之側而不以歸京師故但言其執不書所歸徐邈曰案傳定元年不書正月言定無正也然則改元即位在于此年故不可以不書王書王必有月以承之故因其執月以表年首爾不以謹仲幾也此大夫其曰人何也微之也何為微之不正其執人於尊者之所也不與大夫之伯討也 ○夏六月癸亥公之喪至自乾侯 ○戊辰公即位殯然後即位也周人殯于西階之上定無正見無以正也踰年不言即位是有

故公也謂昭公在外故○見賢徧反言即位是無故公也即位授受之道也先君見授後君乃受故須棺在殯乃言即位先君無正終則後君無正始也先君有正終則後君有正始也戊辰公即位謹之也定之即位不可不察也公即位何以日也據未有日者戊辰之日然後即位也癸亥公之喪至自乾侯何爲戊辰之日然後即位也癸亥去戊辰六日怪不即位正君乎國然後即位也諸侯五日而殯今以君始死之故須殯而後言即位沈子曰正棺乎兩楹之間然後即位也兩楹之間南面之君聽治之處○之處昌慮反內之大事日即位君之大事也其不日何也以年決者不以日決也此則其日何也著之也欲有所見何著焉踰年即位厲也厲危也公喪在外踰年六月乃得即位危故日之於厲之中又

有義焉（先君未殯則後君不得即位）未殯。雖有天子之命猶不敢。況臨諸臣乎（以輕喻重也雖爲天子所召不敢背殯而往況君喪未殯而行即位之禮以臨諸臣乎）周人有喪。魯人有喪。周人弔。魯人不弔。周人曰。固吾臣也。使人可也。魯人曰。吾君也。親之者也。使大夫則不可也。故周人弔。魯人不弔。以其下成康爲未久也（周道尚明無愧于不往）君至尊也。去父之殯而往弔。猶不敢。況未殯而臨諸臣乎。○秋七月癸巳。葬我君昭公。○九月。大雩。雩月。雩之正也。秋大雩。非正也。冬大雩。非正也。秋大雩之爲非正何也（冬禾稼既成猶雩則非禮可知秋禾稼始苗嫌當須雨故問也）毛澤未盡。人力未竭。未可以雩也（邵曰凡地之所生謂之毛公羊傳曰錫之不毛之地是也言秋百穀之潤澤未盡也人力未盡謂耕耘之功未畢○耘本又作芸音云）雩月。雩之正也。月之爲雩之正何也其時窮人力盡然後雩雩之正也何謂其時窮人力盡是月不雨則無及矣是年不艾則無食矣是謂其時窮人力盡也雩之必待其時窮人力盡何也雩者為旱求者也求者請也古之人重請何重乎請人之所以為人者讓也請道去讓也則是舍其所以為人也是以重之焉請哉請乎應上公古之神人有應上公者通乎陰陽君親帥諸大夫道之而以請焉道之謂君必為先也其禱辭曰方今大旱野無生稼寡人當死百姓何謗不敢煩民請命願撫萬民以身塞無狀禱亦請也此即請辭也○艾魚廢反為旱于偽反去讓羌呂反是舍音捨焉請於虔反應上時掌反道之音導夫請者非可詒託而往也必親之者也是以重之詒託猶假寄○詒以之反○立煬宮煬宮伯禽子廟毀已久○煬宮餘亮反煬公之廟也煬公伯禽子

立者不宜立者也。○冬，十月，隕霜殺菽。建酉之月隕霜殺菽非常之災未可以殺而殺，舉重。舉殺豆則殺草可知可殺而不殺，舉輕。不殺草則不殺菽亦顯僖三十三年隕霜不殺草是也其曰菽，舉重也。

二年，春，王正月。○夏，五月，壬辰，雉門及兩觀災。雉門公宮之南門兩觀闕也○兩觀工喚反注及下文同其不曰雉門災及兩觀何也？據先書雉門則應言雉門災及兩觀鄭嗣曰據災實從雉門起應言雉門災及兩觀災自兩觀始也。不以尊者親災也。始災者兩觀也鄭嗣曰今以災在兩觀下使若兩觀始災者不以雉門親災先言雉門，尊尊也。欲言兩觀災及雉門則卑不可以及尊災不從雉門起故不得言雉門災及兩觀兩觀始災故災在兩觀下也鄭嗣曰欲以兩觀親災則經宜言兩觀災及雉門雉門尊兩觀卑卑不可以及尊故不得不先言雉門而後言兩觀欲令兩觀始災故災在兩觀下爾○令力呈反○秋，楚人伐吳。○冬，十月，新作雉門及兩觀。言新，有舊也。作，為也，有加其度也。此不正，其以尊者親之何也不正謂更廣大之不合法度也據當諱而以雉門親新作之下雖不正也。於美猶可也改舊雖不合正脩飾美好之事差可以雉門親之○差初賣反

三年春王正月公如晉至河乃復○三月辛卯邾子穿卒○穿音川○夏四月○秋葬邾莊公○冬仲孫何忌及邾子盟于拔拔地名○拔皮八反

四年春王二月癸巳陳侯吳卒○三月公會劉子晉侯宋公蔡侯衛侯陳子鄭伯許男曹伯莒子邾子頓子胡子滕子薛伯杞伯小邾子齊國夏于召陵侵楚○夏户雅反召詩照反○夏四月庚辰蔡公孫姓帥師滅沈以沈子嘉歸殺之○公孫姓音生又如字○五月公及諸侯盟于皐鼬召陵會劉子諸侯摠言之也皐鼬地名○鼬由又反一事而再會公

志於後會也。後志疑也 公畏楚強疑於侵之故復會更謀也不日者後楚伐蔡不能救故○復會扶又反 杞伯成卒于會○六月。葬陳惠公○許遷于容城○秋。七月。公至自會○劉卷卒 劉采地○劉卷音權采七代反

此不卒而卒者。賢之也。寰内諸侯也。非列土諸侯。此何以卒也 天子畿内大夫有采地者謂之寰内諸侯非列土之諸侯雖賢猶不當卒○寰内音環 天王崩爲諸侯主也 昭二十二年景王崩當以賓主之禮相接能爲諸侯主所以爲賢 ○葬杞悼公○楚人圍蔡○晉士鞅。衛孔圄帥師伐鮮虞○葬劉文公○冬。十有一月。庚午。蔡侯以吳子及楚人戰于伯舉。楚師敗績。吳其稱子何也。以蔡侯之以之。舉其貴者也 貴謂子也 蔡侯之以之。則其舉貴者何也。吳信中國而攘夷狄。吳進矣。其信中國而攘

夷狄奈何子胥父誅于楚也子胥父伍奢也爲楚平王所殺○信音申攘如羊反却也
挾弓持矢而干闔廬見不以禮曰干欲因闔廬復父之讎○挾户牒反又子協反闔户臘反廬力居
反見賢遍反闔廬曰大之甚勇之甚子胥匹夫乃欲復讎於國君其孝甚大其心甚勇爲
是欲興師而伐楚子胥諫曰臣聞之君不爲匹夫
興師且事君猶事父也虧君之義復父之讎臣弗
爲也於是止蔡昭公朝於楚有美裘正是日囊瓦
求之正是日謂昭公始朝楚之日○爲是于僞反不爲及下爲是皆同朝直遥反注同囊乃郎反昭公不與
爲是拘昭公於南郢南郢楚都○郢以井反又以正反數年然後得歸
歸乃用事乎漢用事者禱漢水神○數所主反曰苟諸侯有欲伐楚者寡
人請爲之前列焉楚人聞之而怒爲是興師而伐蔡
蔡請救于吴子胥曰蔡非有罪楚無道也君若有

憂中國之心。則若此時可矣。爲是興師而伐楚。何以不言救也。據實救蔡救大也。夷狄漸進未同於中國楚囊瓦出奔鄭。知見伐由己故懼而出奔庚辰。吳入楚。曰入。易無楚也。易無楚者。壞宗廟。徙陳器。撻平王之墓。鄭嗣曰陳器樂縣也禮諸侯軒縣言吳人壞楚宗廟徙其樂器鞭其君之尸楚無能亢御之者若曰無人也○易以豉反壞音怪撻土達反縣音玄亢苦浪反何以不言滅也。據宗廟既毀樂器已徙則是滅也欲存楚也。其欲存楚奈何。昭王之軍敗而逃。父老送之。曰。寡人不肖。亡先君之邑。父老反矣。何憂無君。寡人且用此入海矣。父老曰。有君如此其賢也。以衆不如吳。以必死不如楚。雍曰吳勝而驕楚敗而奮○肖音笑奮方問反相與擊之。一夜而三敗吳人。復立。楚復立也○敗必邁反復扶又反何以謂之吳也。據戰稱子狄之也。何謂狄之也。

君居其君之寢而妻其君之妻大夫居其大夫之寢而妻其大夫之妻蓋有欲妻楚王之母者不正乘敗人之績而深爲利居人之國故反其狄道也

五年春王三月辛亥朔日有食之○夏歸粟于蔡蔡侯比年在楚又爲楚所伐飢故諸侯歸之粟諸侯無粟諸侯相歸粟正也孰歸之諸侯也不言歸之者專辭也不言歸之者主名若獨是魯也義邇也言此是邇近之事故不足具列諸侯○於越入吳舊說於越夷言也春秋即其所以自稱者書之見其不能慕中國故以本俗名自通○見其賢徧反○六月丙申季孫意如卒傳例曰大夫不日卒惡也意如逐昭公而日卒者明定之得立由于意如春秋因定之不惡而書日以示譏亦猶公子翬非桓之罪人故於桓不貶○惡烏路反翬許韋反○秋七月壬子叔孫不敢卒○冬晉士鞅帥師圍鮮虞

六年春王正月癸亥鄭游速帥師滅許以許男斯歸○二月公侵鄭公至自侵鄭○夏季孫斯仲孫何忌如晉（仲孫忌而曰仲孫何忌竊所未詳公羊傳曰譏二名）○秋晉人執宋行人樂祁犂○冬城中城城中城者三家張也（大夫稱家三家仲孫叔孫季孫也三家侈張故公懼而脩内城譏公不務德政恃城以自固○張如字一音下亮反注同）或曰非外民也

○季孫斯仲孫忌帥師圍鄆

七年春王正月○夏四月○秋齊侯鄭伯盟于鹹（○鹹音咸）○齊人執衛行人北宫結以侵衛以重辭也衛人重北宫結（齊以衛重結故執以侵之若楚執宋公以伐宋凡言以皆非所宜以）○齊侯衛侯盟于沙（沙地）○大雩○齊國夏帥師伐我西鄙○九月大雩○冬十月

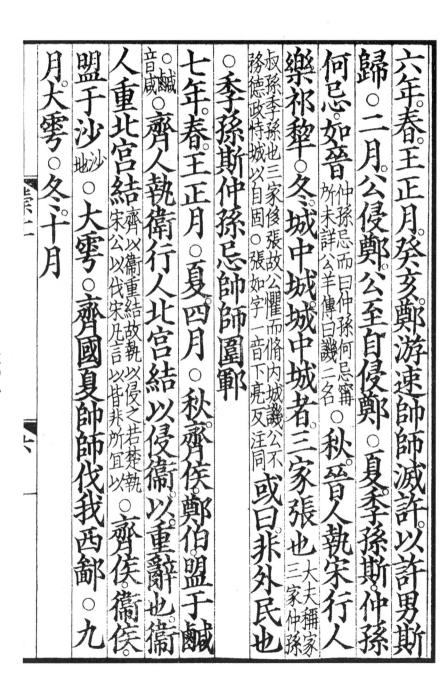

八年春王正月公侵齊公至自侵齊二月公侵齊（未得志故）三月公至自侵齊公如往時致月危致也往月致時危往也往月致月惡之也（惡烏路反）曹伯露卒夏齊國夏帥師伐我西鄙公會晉師于瓦（瓦衛地也）公至自瓦秋七月戊辰陳侯柳卒（柳良久反）晉士鞅帥師侵鄭遂侵衛葬曹靖公九月葬陳懷公季孫斯仲孫何忌帥師侵衛冬衛侯鄭伯盟于曲濮（曲濮衛地濮音卜）從祀先公貴復正也（文公逆祀今還順）盜竊寶玉大弓寶玉者封圭也（始封之圭）大弓者武王之戎弓也（是武王征伐之弓）周公受賜藏之魯（周公受賜於周藏之魯者欲世世子孫無忘周德也）非其所以與人而與人謂之亡（亡失也）非

其所取而取之謂之盜

九年春。王正月。○夏。四月。戊申。鄭伯蠆卒 ○蠆田邁反 ○得寶玉大弓 杜預曰弓王國之分器也得之足以爲榮失之足以爲辱故重而書之○分器扶問反 其不地何也。寶玉大弓。在家則羞。不目羞也 國之大寶在家則羞也況陪臣專之乎恥甚而不目其地 惡得之 惡於何也○惡音烏注亦同 得之堤下。或曰。陽虎以解衆也。○六月。葬鄭獻公。○秋。齊侯衞侯次于五氏 五氏晉地 ○秦伯卒。○冬。葬秦哀公

十年春。王三月。及齊平 平前八年再侵齊之怨 ○夏。公會齊侯于頰谷 ○頰古協反左傳作夾谷 公至自頰谷。離會不致 雍曰二國會曰離各是其所是非其所非然則所是之是未必是所非之非未必非未必非者不能非人之真非未必是者不能是人之真是是非紛錯則未有是是非不同故曰離離則善惡無在善惡無在則不足致之于宗廟 何爲致也。危之也。危之則

以地致何也。爲危之也。其危奈何。曰。頰谷之會。孔子相焉。兩君就壇。兩相相揖。將欲行盟會之禮○爲危于僞反相焉息亮反下兩相同壇徒丹反封上曰壇齊人鼓譟而起。欲以執魯君君羣呼曰譟○鼓譟素報反呼火故反孔子歷階而上。不盡一等。而視歸乎齊侯階會壇之階曰。兩君合好。夷狄之民。何爲來爲。命司馬止之兩君合會以結親好而齊人欲執魯君此無禮之甚故謂之夷狄之民司馬主兵之官使禦止之○合好呼報反注同使禦魚呂反齊侯逡巡而謝曰。寡人之過也。退而屬其二三大夫曰。夫人率其君與之行古人之道。二三子獨率我而入夷狄之俗。何爲屬語也夫人謂孔子也齊人欲執魯君是夷狄之行○逡一旬反屬章欲反夫人音扶語魚呂反之行下孟反罷會。齊人使優施舞於魯君之幕下優俳施其名也幕帳欲嗤笑魯君○幕音莫俳皮皆反嗤尺之反孔子曰。笑君者罪當死。使司馬行法焉。首足異門而出。齊人來歸鄆讙龜陰之田者。蓋爲此也何休曰齊侯自頰谷歸謂晏子曰寡人獲過於魯侯如之何晏子曰君子謝過以質小人謝過以文齊嘗侵魯四邑請皆還之○讙好官反蓋爲于僞反因是以見雖有文事。必有武備。孔子於頰谷之會見之矣○以見賢徧反○晉趙鞅帥師圍衛。○齊人來歸鄆讙龜陰之田。○叔孫州仇。仲孫何忌帥師圍郈郈叔孫氏邑○郈音后○秋。叔孫州仇。仲孫何忌帥師圍郈。○宋樂大心出奔曹。○宋公子地出奔陳。○冬。齊侯衛侯鄭游速會于安甫安甫地名○叔孫州仇如齊。○宋公之弟辰曁宋仲佗石彄出奔陳辰爲佗所强故曰曁○曁其器反佗大河反彄苦侯反强其丈反

十有一年。春。宋公之弟辰。未失其弟也言辰未有失其爲弟之道

故書弟以罪宋公及仲佗石彄公子地以尊及卑也自陳陳有奉焉爾入于蕭以叛蕭宋邑入者內弗受也以者不以也叛直叛也○夏四月○秋宋樂大心自曹入于蕭入蕭從叛人叛可知故不書叛○冬及鄭平平六年侵鄭之怨傳例曰盟不日者渝盟惡之也取夫詳略之義則平不日者亦有惡矣蓋不能相結以信○渝羊朱反變也惡之烏路反下同取夫音符○叔還如鄭蒞盟○還音旋

十有二年春薛伯定卒○夏葬薛襄公○叔孫州仇帥師墮郈○墮猶取也陪臣專強違背公室恃城爲固是以叔孫墮其城若新得之故云墮猶取也墮非訓取言今但毀其城則郈求屬己若更取邑於他然○墮許規反毀也背音佩○衛公孟彄帥師伐曹○季孫斯仲孫何忌帥師墮費○費音秘○秋大雩○冬十月癸亥公會齊侯盟于黃○十有一月○

丙寅朔日有食之○公至自黄○十有二月公圍成○非國不言圍圍成大公也（以公之重而伐小邑則爲恥深矣故大公之事而言圍使若成是國然）公至自圍成何以致危之也何危爾邊乎齊也（邊謂相接）

十有三年春齊侯次于垂葭（○葭音加）○夏築蛇淵囿（蛇淵地名○囿音又）○大蒐于比蒲（○比音毗）○衞公孟彄帥師伐曹○秋晉趙鞅入于晉陽以叛○以者不以者也叛直叛也○冬晉荀寅士吉射入于朝歌以叛（○射食夜反又食亦反）○晉趙鞅歸于晉○此叛也其以歸言之何也（據叛惡而歸善）貴其以地反也貴其以地反則是大利也非大利也許悔過也許悔過則何以言叛也以地

正國也地謂晉陽也蓋以晉陽之兵還正國也公羊傳曰逐君側之惡人以地正國則何以言叛據是善事其入無君命也凱曰專入晉陽以興甲兵故不得不言叛實以驅惡而安君則釋兵不得不言歸春秋善惡必著之義○薛弑其君比○比必履反又毗志反

十有四年。春。衛公叔戍來奔。○晉趙陽出奔宋。晉趙陽左氏作衛趙陽○二月。辛巳。楚公子結、陳公孫佗人帥師滅頓。以頓子牂歸。○佗徒河反又如字牂作郎反○夏。衛北宮結來奔。○五月。於越敗吳于檇李。檇李吳地○敗必邁反檇李音醉○吳子光卒。○公會齊侯、衛侯于牽。牽地○牽去賢反公至自會。○秋。齊侯、宋公會于洮。○洮他刀反○天王使石尚來歸脤。脤祭肉天子祭畢以之賜同姓諸侯親兄弟之國與之共福○脤市軫反脤者何。俎實也。祭肉也。生曰脤。熟曰膰。其辭石尚士也。辭猶書也○膰音煩本或作煩何以知其士也。天子之大夫不名。石尚欲書春秋欲著名于春秋諫曰。久矣周之不行禮於魯也。請行脤。貴復正也。○衛世子蒯聵出奔宋。○蒯聵苦怪反下五怪反衛公孟彄出奔鄭。○宋公之弟辰自蕭來奔緜弟猶未失爲弟之行○行下孟反○大蒐于比蒲○邾子來會公會公于比蒲○城莒父及霄無冬之緜所未詳

十有五年。春。王正月。邾子來朝○朝直遥反○鼷鼠食郊牛。牛死。改卜牛不言所食食非一處以至死○鼷音兮處昌慮反不敬莫大焉定公不敬最大故天災最甚○二月。辛丑。楚子滅胡。以胡子豹歸。○夏。五月。辛亥。郊譏不時也○壬申。公薨于高寢高寢宮名高寢。非正也。○鄭罕達帥師伐宋。○齊侯衛侯次于渠蒢渠蒢地也○蒢直居反○邾子來奔喪。喪急。故以奔言之。○

秋，七月，壬申，弋氏卒。妾辭也。不言夫人薨。○弋氏，羊職反。哀公之母，左氏作姒氏 哀公之母也。○八月，庚辰朔，日有食之。○九月，滕子來會葬。邾、滕，魯之屬國，近則來奔喪，遠則來會葬。於長帥之喪，同之王者，書非禮。○長，丁丈反。帥，所類反 ○丁巳，葬我君定公，雨，不克葬。葬既有日，不為雨止，禮也。雨不克葬，喪不以制也。戊午，日下稷，乃克葬。稷，昃也。下昃謂晡時。○為，于偽反。稷，如字。左氏作昃。晡，布吳反 乃，急辭也，不足乎日之辭也。宣八年注詳矣 ○辛巳，葬定弋。○定弋，左氏作定姒 ○冬，城漆。

春秋穀梁卷第十一

經傳貳阡玖伯壹拾伍字　注壹阡捌伯叁拾捌字

音義伍伯捌拾伍字　仁仲　比校訖

春秋穀梁傳哀公第十二 ○哀公名蔣敬王二十六年即位

范甯集解

元年。春。王正月。公即位。○楚子。陳侯。隨侯。許男。圍蔡。隨久不見者衰微也稱侯者本爵俱侯土地見侵削故微弱定六年鄭滅許今復見者自復也○不見賢徧反下復見同復扶又反

○鼷鼠食郊牛角。改卜牛。○夏四月。辛巳。郊。此該郊之變而道之也。該備也春秋書郊終於此故於此備說郊之變變謂郊非其時或牲被災害於變之中。又有言焉。於災變之中又有可善而言者鼷鼠食郊牛角。改卜牛。志不敬也。郊牛日展觓角而知傷。展道盡矣展道雖盡所以備災之道不盡譏哀公不敬故致天變○觓音糾又音求郊自正月至于三月。郊之時也。夏四月郊。不時也。五月郊。不時也。夏之始。可以承春。以秋之末。承春之始。蓋不可矣。凱曰不時之中有差

劇也夏始承春方秋之末猶爲可也○有差初賣反九月用郊用者不宜用者也在成十七年郊三卜禮也以十二月下辛卜正月上辛如不從則以正月下辛卜二月上辛如不從則以二月下辛卜三月上辛所謂三卜也鄭嗣曰謂卜一辛而三也求吉之道三故曰禮也四卜非禮也僖三十一年襄十一年皆四卜五卜強也成十年五卜卜免牲者吉則免之不吉則否牛傷不言傷之者傷自牛作也故其辭緩宣三年郊牛之口傷以牛自傷故加之言緩辭○則否方九反全曰牲傷曰牛未牲曰牛其牛一也其所以爲牛者異已卜日成牲而傷之曰牛未卜日未成牲之牛二者不同有變而不郊故卜免牛也已牛矣其尚卜免之何也從傷不復以郊怪復卜免之禮與其亡也寧有於禮有卜之與無卜寧當有卜嘗置之上帝矣故卜而後免之不敢專也嘗置之滌宮名之爲上帝牲矣故不敢擅施也○滌徒歷反擅市戰反施式氏反又如字卜之不吉則如之何不免安置之

繫而待。六月上甲。始庀牲。然後左右之（庀具也待具後牲然後左右前牛在我用之不復須卜已有新牲故也周禮曰司門掌授管鍵以啓閉國門祭祀之牛牲繫焉然則未左右時監門者養之○庀匹爾反鍵其展反又其偃反監古銜反）子之所言者。牲之變也。而曰我一該郊之變而道之何也。我以六月上甲始庀牲。十月上甲始繫牲。十一月十二月。牲雖有變。不道也（牲有變則改卜牛以不妨郊事故不言其變）待正月然後言牲之變。此乃所以該郊（至郊時然後言其變重其妨郊也十二月不道自前可知也至正月然後道則二月三月亦可知也此所以該郊言其變道盡）郊。享道也。貴其時。大其禮。其養牲雖小不備可也（享者飲食之道牲有變則改卜牛郊日已逼庀繫之禮雖小不備合時得禮用之可也○享許丈反）子不志三月卜郊何也（三月謂十二月正月二月也）郊自正月至于三月。郊之時也（有變乃志常事不書）我以十二月下辛。卜正月上辛。如不從。則以正月下辛卜二月上辛如不從則以二月下辛卜三月上辛如不從則不郊矣意欲郊而卜不吉故曰不從郊必用上辛者取其新絜莫先也○秋齊侯衛侯伐晉○冬仲孫何忌帥師伐邾

二年春王二月季孫斯叔孫州仇仲孫何忌帥師伐邾取漷東田漷東未盡也及沂西田沂西未盡也漷沂皆水名邵曰以其言東西則知其未盡也○漷火虢反又音郭沂魚依反仲孫何忌及邾子盟于句繹句繹邾地○句古侯反繹音亦三人伐而二人盟何也各盟其得也季孫不得田故不與盟○不與音豫○夏四月丙子衛侯元卒○滕子來朝朝直遥反○晉趙鞅帥師納衛世子蒯聵于戚鄭君曰蒯聵欲殺母靈公廢之是也若君薨死有反國之道當稱子某如齊子糾

也今稱世子如君存是春秋不與蒯聵得反立明矣江熙曰鄭世子忽反正有明文子糾但於公子爲貴非世子也 納者。內弗受也。帥師而後納者。有伐也。何用弗受也。以輒不受也。以輒不受父之命。受之王父也。信父而辭王父則是不尊王父也。其弗受以尊王父也。甯不違此義江熙曰齊景公廢世子世子還國書篡若靈公廢蒯聵立輒則蒯聵不得復稱曩日世子也稱蒯聵爲世子則靈公不命輒審矣此矛楯之喻也然則從王父之言傳似失矣經云納衛世子鄭世子忽復歸于鄭稱世子明正也明正則拒之者非邪○信父音申篡初患反復扶又反曩乃黨反矛亡侯反本又作鉾楯常允反又音允拒音巨邪也似嗟反 ○秋。八月。甲戌。晉趙鞅帥師。及鄭罕達帥師。戰于鐵。鐵衛地鐵他結反 ○鄭師敗績。○冬。十月。葬衛靈公。七月葬蒯聵之亂故也 ○十有一月。蔡遷于州來。蔡殺其大夫公子駟。

三年。春。齊國夏。衛石曼姑。帥師圍戚。此衛事也。

其先國夏何也。子不圍父也。不繫戚於衛者，子不有父也。江熙曰：國夏首兵，則應言衛戚。今不言者，辟子有父也。子有父者，戚繫衛則爲大夫屬于衛，子圍父者，謂人倫之道絶，故以齊首之。○曼姑音萬，辟音避。○夏四月甲午，地震。○五月辛卯，桓宮、僖宮災。言及則祖有尊卑，解經不言及僖。由我言之則一也。遠祖恩無差降，如一，故不言及。○季孫斯、叔孫州仇帥師城啓陽。稱帥師，有難。○難，乃旦反。○宋樂髡帥師伐曹。○髡，苦門反。○秋七月丙子，季孫斯卒。○蔡人放其大夫公孫獵于吳。宣元年晉放其大夫胥甲父于衛，傳曰：稱國以放，放無罪也。然則稱人以放，放有罪也。○冬十月癸卯，秦伯卒。○叔孫州仇、仲孫何忌帥師圍邾。

四年春王二月庚戌，盜弒蔡侯申。稱盜以弒君，不以上下道，道也。以上下道，道者若衛祝吁弒其君完之類，是直稱盜，不在人倫之序。內其君而外弒者。不以弒道道也襄七年鄭伯將會中國其臣欲從楚不勝其臣弒而死不使夷狄之民加乎中國之君故曰鄭伯髡原如會未見諸侯丙戌卒于操是不以弒道道也春秋有三盜。微殺大夫謂之盜十三年冬盜殺陳夏區夫是○陳夏户雅反區烏侯反非所取而取之謂之盜定八年陽貨取寶玉大弓是辟中國之正道以襲利謂之盜即殺蔡侯申者是非微者也○辟中音避○蔡公孫辰出奔吳。○葬秦惠公。○宋人執小邾子。○夏。蔡殺其大夫公孫姓。公孫霍。○晉人執戎蠻子赤歸于楚。○城西郛郛郭也○郛音孚○六月辛丑。亳社災殷都于亳武王克紂而班列其社于諸侯以為亡國之戒劉向曰災亳社戒人君縱恣不能警戒之象亳社者。亳之社也。亳。亡國也亳即殷也殷都于亳故因謂之亳社亡國之社。以為廟屏。戒也立亳之社於廟之外以為屏蔽取其不得通天人君瞻之而致戒心其屋。亡國之社。不得達上也必為之作屋不使上通天也緣有屋

故言災○秋八月甲寅滕子結卒○冬十有二月葬蔡

昭公不書弒君之賊而昭公書葬既謂之盜若殺微賤小人不足錄之○葬滕頃公○頃音傾

五年春城毗○夏齊侯伐宋○晉趙鞅帥師伐衛

○秋九月癸酉齊侯杵臼卒○杵昌呂反○冬叔還如齊

○閏月葬齊景公不正其閏也閏月附月之餘日喪事不數○數所主反

六年春城邾瑕○晉趙鞅帥師伐鮮虞○吳伐陳

○夏齊國夏及高張來奔○叔還會吳于柤○柤莊加反

○秋七月庚寅楚子軫卒○軫之忍反○齊陽生入于齊

○齊陳乞弒其君荼不日荼不正也○荼音舒又音徒一音丈加反陽生入而

弒其君以陳乞主之何也不以陽生君荼也其不

以陽生君荼何也陽生正荼不正不正則其曰君何

也。荼雖不正。已受命矣已受命于景公而立故可言君入者。内弗受也。
荼不正。何用弗受。以其受命。可以言弗受也先君已命立之於義可以拒之陽生其以國氏何也。取國于荼也何休曰即不使陽生以荼爲君不當去公子見當國也又穀梁以爲國氏者取國于荼齊小白又不取國于子糾無乃近自相反乎鄭君釋之曰陽生簒國故不言公子不使君荼謂書陳乞弑君爾荼與小白其事相似荼弑乃後立小白立乃後殺雖然俱簒國而受國焉爾傳曰齊小白入于齊惡之也陽生其以國氏何取國于荼也義適互相足又何自反乎子糾宜立而小白簒之非受國于子糾則將誰乎○當去起吕反見當賢徧反糾居黝反惡之烏路反○冬。仲孫何忌帥師伐邾○宋向巢帥師伐曹
七年。春。宋皇瑗帥師侵鄭○瑗于眷反○晉魏曼多帥師侵衛○曼音萬○夏。公會吴于繒○繒在陵反○秋。公伐邾。八月己酉。入邾。以邾子益來。以者不以者也夫諸侯有罪伯者雖執猶以歸于京師魯非霸主而擅相執録故曰入以表惡之○擅市戰反惡烏路反傳及注同益之名。惡也。其

不能死社稷春秋有臨天下之言焉徐乾曰臨者撫有之也王者無外以天下爲家盡其有也有臨一國之言焉諸侯之臨國亦得有之如王於天下有臨一家之言焉大夫臨家猶諸侯臨國其言來者有外魯之辭焉非已內有從外來者曰來今魯侯身自以歸而曰來是外之也○宋人圍曹○冬鄭駟弘帥師救曹

八年春王正月宋公入曹以曹伯陽歸○吴伐我○夏齊人取讙及闡宣元年傳曰內不言取言取授之也以是爲賂齊此言取蓋亦賂也魯前年伐邾以邾子益來益齊之甥也畏齊故賂之○及闡尺善反惡內也○歸邾子益于邾侵齊故也○惡烏路反益之名失國也於王法當絶故○秋七月○冬十有二月癸亥杞伯過卒○過音戈○齊人歸讙及闡凱曰歸邾子故亦還其賂

九年。春。王二月。葬杞僖公。宋皇瑗帥師取鄭師于雍丘雍丘地也。雍於用反取。易辭也。以師而易取。鄭病矣以師之重而宋以易得之辭言之則鄭師將劣矣。易以豉反將子匠反。夏楚人伐陳。秋宋公伐鄭。冬十月

十年。春。王二月。邾子益來奔。公會吳伐齊。三月戊戌。齊侯陽生卒。夏宋人伐鄭。晉趙鞅帥師侵齊。五月。公至自伐齊傳例曰惡事不致公會夷狄伐齊之喪而致之何也莊六年公至自伐衛傳曰不致則無以見公惡事之成也將宜從此之例。以見賢徧反。葬齊悼公。衛公孟彄自齊歸于衛。彄苦侯反。薛伯夷卒。秋葬薛惠公。冬楚公子結帥師伐陳吳救陳

十有一年。春。齊國書帥師伐我。夏陳轅頗出奔

鄭○頰破何反○五月公會吳伐齊甲戌齊國書帥師及吳戰于艾陵齊師敗績獲齊國書與華元同義艾陵齊地○艾五蓋反○秋七月辛酉滕子虞毋卒○冬十有一月葬滕隱公○衛世叔齊出奔宋

十有二年春用田賦古者九夫爲井十六井爲丘丘賦之法因其田財通共出馬一匹牛三頭今別其田及家財各出此賦言用者非所宜用○別如字又彼列反古者公田什一用田賦非正也古者五口之家受田百畝爲官田十畝是爲私得其什而官稅其一故曰什一周謂之徹殷謂之助夏謂之貢其實一也皆通法也今乃棄中平之法而田財並賦言其賦民甚矣○爲官于僞反稅舒銳反夏謂戶雅反○夏五月甲辰孟子卒孟子者何昭公夫人也其不言夫人何也諱取同姓也葬弁當書姓諱故亦不書葬弁○取如字又七住反○公會吳于橐皋橐皋其地○橐章夜反一音託○秋公會衛侯宋皇瑗于鄖鄖其地○

鄭音云○宋向巢帥師伐鄭○冬十有二月螽○螽音終

十有三年春鄭罕達帥師取宋師于嵒○嵒五咸反取易辭也以師而易取宋病矣○夏許男成卒○公會晉侯及吳子于黃池及者書尊及卑也黃池某地黃池之會吳子進乎哉遂子矣進遂稱子吳夷狄之國也祝髮文身祝斷也文身刻畫其身以為文也必自殘毀者以辟蛟龍之害○祝之六反斷音短辟音避蛟音交欲因魯之禮因晉之權而請冠端而襲襲衣冠端玄端其藉于成周藉謂貢獻以尊天王吳進矣吳東方之大國也累累致小國以會諸侯以合乎中國累累猶數數也○累累如字數數所角反吳能為之則不臣乎言其臣也吳進矣王尊稱也子卑稱也辭尊稱而居卑稱以會乎諸侯以尊天王吳王夫

差曰。好冠來。孔子曰。大矣哉夫差。未能言冠而欲冠也不知冠有差等唯欲好冠○尊稱尺證反下同夫差音扶下初佳反○楚公子申帥師伐陳。於越入吳。秋。公至自會吳進稱子又會晉侯故致也○晉魏曼多帥師侵衛。葬許元公。九月。螽。冬。十有一月。有星孛于東方不書所孛之星而曰東方者目方見孛衆星皆没故○孛音佩○盜殺陳夏區夫傳例曰微殺大夫謂之盜○區夫烏侯反○十有二月。螽

十有四年。春。西狩獲麟杜預曰孔子曰文王既没文不在兹乎此制作之本旨又曰鳳鳥不至河不出圖吾已矣夫斯不王之明文矣夫關雎之化王者之風麟之趾關雎之應也然則斯麟之來歸於王德者矣春秋之文廣大悉備義始於隱公道終於獲麟○狩手又反不出如字又赤遂反矣夫音扶不王于況反下王德同雎七余反之應于敬反引取之也言引取之者解經言獲也傳例曰諸獲者皆不與也今言獲麟自爲孔子來魯引而取之亦不與魯之辭也○爲于僞反狩地。不地。不狩也。非狩而曰狩。大獲麟。故大其適也適猶如也

之也非狩而言狩大得麟故以大所如者名之也且實狩當言冬不當言春

其不言來，不外麟於中國也。其不言有，不使麟不恒於中國也。雍曰中國者蓋禮義之鄉聖賢之宅軌儀表於遐荒道風扇於不朽麒麟步郊不爲暫有鸞鳳栖林非爲權來雖時道喪猶若不喪雖麟一降猶若其恒鸜鵒非魯之常禽蜚蜮非祥瑞之嘉蟲故經書其有以非常有此所以取貴于中國春秋之意義也○道喪息浪反鸜音權又音劬鵒音欲蜮音或

# 春秋穀梁卷第十二

經傳壹阡捌伯陸拾玖字

注壹阡玖伯捌拾叁字

音義肆伯叁拾貳字

國學進士余仁仲校正
國學進士劉子庚同校
國學進士陳幾同校
國學進士張甫同校
奉議郎簽書武安軍節度判官廳公事陳應行參校



癸丑仲秋重校訖

余仁仲萬卷堂所刻經本今聞於世者曰周禮曰公羊曰穀梁公羊揚州汪氏有繙本周禮舊藏盧雅雨家惟穀梁僅康熙閒長洲何煌見之然其本缺宣公以前已稱爲希世之珍此本首尾完具無一字損失以何氏校本照之有應有不應當由何氏所見爲初印本此又仁仲覆校重訂者故於何氏所稱脫誤之處皆挖補擠入然則此爲余氏定本何氏所見猶未善也原本舊爲日本學士柴邦彥所藏文政閒狩谷望之使人影摹之纖豪畢肖展轉歸向山黃村余初來日本時即從黃村求得之慫恿星使何公重

繙以傳會瓜代不果暨新任星使黎公廼以付之梓人踰年而後成按穀梁所據之經不必悉與左氏公羊合而分經附傳之例亦與二傳差互至范氏之解則傳習愈希除注疏刊本外絕尟證驗即明知有脱誤亦苦於無徵不信然則此本之不絕如綫誠爲瓌寶今以唐石經證經傳以唐宋人説春秋三傳者佐之以宋監本余所得日本古鈔經注本首題監本春秋穀梁傳多與十行本經注合注疏本證集解以陸氏釋文佐之又自宋以來所傳經注本不必與釋文合而合刊注疏者往往改釋文以就之至毛本則割截尤甚此本後有仁仲自記不以釋文改

定本亦不以定本改釋文猶有漢唐經師家法今單行釋文俱在此本旣悉與之合故於注疏所附亦不一一訂正焉光緒癸未秋九月宜都楊守敬記

## 余仁仲萬卷堂穀梁傳考異

序感化（石經俞皐春秋集傳釋義同宋監本十行本閩本監本毛本無化字）釋文窺（各本作窺按說文窺正視也廣韻丑庚切則不當爲去規反此宜從各本作窺）序得強（石經俞本萬歷本同十行宋監閩監毛無得字按無得字文義已足此涉上文六得字衍）序不棄（各本同石經作弃）

春秋穀梁傳隱公第一（與石經釋文合）釋文周文王八世孫（注疏作周公八世孫）

隱公元年解罪故（宋監十行閩本同明監毛本作惡）二年解展羌（各本

厎作底解臨事閩監毛事譌者三年解三穀十行三誤二解正者注疏
本者並作稱解在殯注疏本在並誤作未四年傳貶也各本同石經貶下衍之字解書
不氏族以下至嫌字閩監毛誤作雙行首脫注字五年解則干宋監
十行同閩監毛干作羽七年解有時十行同閩監毛時作待解司里毛本里誤理八
年傳惡入石經、俞皐集傳李廉會通本十行本同閩監毛脫入字傳邑也石經呂本中集解、俞本十
行本同閩監毛脫也字解若令與釋文合注疏本並誤作今
桓公元年經正月公即位與石經同○按此以傳附經之誤當以正月二字接續上春王
下而以公即位三字置於此又穀梁合經之例凡經一事數句者傳文即隨句散附與公羊一事爲一傳者不同然既以傳文散附經文則經
文之上當有○以隔之今無○則與傳文混故閩監毛往往以經文數句並爲一條
爲傳計數石經釋文俞本合注同注疏本計並譌討解殆其毛本殆作待解蓋無
閩監毛蓋譌善經三年與石經、合注疏三誤二七年解不言朝各本皆作不言名○

二年解爲親宋監十行受誤

按各本皆誤讀疏文以改注文不知范正以繹傳朝字故引郕伯之奔以相决非以郕伯不名之謂也　八年解到京閩監毛到作致誤　解在郤注疏本誤作郤　解判合宋監本判字空十行作叛非閩監毛改作配亦非○按儀禮作胖合胖判通　傳放命石經陸淯春秋微旨呂本俞本程端學本義並同胡傳言方命則所據本亦同注疏本放並誤作故

十三年解時在注疏本時並誤作得　十四年解紓緩十行誤作紀緩閩監毛作鋝○下文此本亦作鋝　解所置閩監毛置作致此與宋監十行本同　十七年經公及與石經十行本合閩監毛脫公字　解恥大與十行合閩監毛大作有

莊公元年解二十九各本同誤毛改作三十九亦誤按當作三十年　傳躬君石經十行閩監毛並同胡傳俞本李廉會通趙彷集傳並作君躬是也　傳變之爲正各本同俞樾云當作爲變之正

解與士監毛士作人誤　經紀郱鄑郚近人或欲據下文於紀下增于字按紀下若有于字則傳不爲或說矣　傳紀國也郱鄑郚國也近人或欲改下國字爲邑按范注此國以三言爲名是范解兩國字並出之義甚明如改下國爲邑即下或說之本義則此傳應在或說下矣此說亦非　二年傳主者閩監毛脫主字

三年經齊侯石經侯作師各本同此解郊牛通典引郊上有猶字是也此本亦脫四年解傍朞閩監毛作旁非六年經三月石經十行本合閩監毛誤作二月七年經夜中星隕如雨此經文也亦因無○以隔之閩監毛遂誤認此爲傳文而妄增此六字於恒星不見下解失星毛本同十行閩本失作天傳雨說各本同石經作兩說恐非解隕隊與釋文合各本作墜解中夜十行合閩監毛作夜中解江⿰氵熙此書通作⿰氵熙各本作熙十二年解豺狼與釋文合各本作豺解扞衞又引釋文作捍此亦余氏兩存之一事十四年經宋公衞侯與石經十行合閩監毛脫此四字解推桓與十行同閩監毛脫桓字十七年解得執毛得作相誤十八年解食虧與十行合閩監毛食下衍有字解若入竟監毛同十行閩本若作君○按作若是也言入竟者指戎也故言若十九年傳其遠之何也與石經十行俞本合閩監毛脫之字二十一年解外引釋文有○以隔注文閩監毛誤連注文二十三年解比行各本比作此誤解霸王各本同何校作伯非此本二十四年傳日之

監毛曰誤月二十五年經鼓用牲於社閩監毛移此句於日有食之下誤二十
八年經臧孫辰與各本同按陸淯張洽並云穀梁辰作臣今所見無作臣之本二十有九
年與石經合注疏本並脫有字三十二年解辭之各本辭訛又近人遂增遇字以足之非也解
甯所未詳十行甯訛其閩監毛改作某詳閩監毛作許並非
閔公元年解言桓容各本桓作相非解又不閩監毛又訛之
僖公元年經齊人以歸閩監毛跳此句于夢于夷下誤二年解不悮
宋監本空此字十行閩監毛作不悟是四年解與其毛脫其字解不先閩監毛作先不非
八年解是妾不爲夫人宋監十行夫下空缺一字閩監毛作體以意補當從此作人十
年傳吾若此入而自明監毛脫吾字明下衍明字十一年解固以
監毛固作故十二年經三月石經同注疏並訛作正月十六年傳六鶂與石
經宋監本陸本俞本合注疏本作鷁傳桓公石經無公字十七年解無君與十行合閩監

毛君作人十八年解文十三三誤與毛同當從十行閩監作二二十一年經釋

宋公閩監毛跳此三字于盟于薄之下誤經二十二年脫有字與注疏本同傳旌亂監毛

脫亂字二十三年解桓公之子襄公監毛脫此注傳茲父監毛

脫此二字二十四年解惡之也各本也訛出經二十有五年與石經合

注疏本脫有字解盡同姓注疏本同訛名此余本獨是者解比例監毛比誤此二十六

年經楚人監毛人誤子二十七年解譏斯十行閩本作以期監毛改作以類並非

二十八年經齊師石經作齊侯解所昭閩監毛作照三十年解

齊則十行閩本同誤毛改齊作奔是解近上監上誤此毛誤立解大平與釋文合注疏本作

太三十二年解文憲各本作獻三十三年解縱收各本縱作從

文公元年解戚衛地閩監毛脫此三字經啇臣與十行同石經閩監毛作商按

此書經傳並作啇註文商啇錯出傳外諸侯石經無外字二年解昭繆與釋文合監毛

作穆非四年解問者監毛者誤曰解風姓監毛姓誤氏傳以晚與石經俞
本合注疏本以作巳六年傳夜姑十行作射姑非傳之事與石經俞本合注疏本脫之字釋
文不數所古反閩監毛誤以爲注文而改古爲右改反爲也大謬八年解鄭地
毛本鄭上有暴字據全書例有者是十年傳弟兄石經俞本李本合注疏本作兄弟誤傳佚宕
俞本注疏本同石經楊疏並作害釋文害本又作宕解二寸十行閩本同監毛二作三十四年經六
月按此行字小而密初刻必有脫文後挖補擠入解許伯石經作許男解祝吁注疏本祝作州
誤何校本作祝與此合十五年傳其以石經十行俞本同閩監毛誤以其
宣公何校余本自此卷起以上皆缺元年解宣公弒立十行閩本作公宣弑入釋文出宣弑
○按公宣不辭釋文所據本或無公字十行閩本增公於宣上非也二年解生獲各本同何校余本無獲字不相
應解止以父病何校余本合十行止誤上各本脫父字大謬六年傳來盟者
石經呂本俞本合注疏本脫者字八年傳以譏石經誤饑經萬入去籥閩監毛跳

此四字於猶繹下解於常閩監毛於誤爲九年經楚子閩監毛子誤人傳通于

石經俞本合注疏本脫于字十年解傳例以下此注閩監毛誤置于日有食之下此與十行合解

今出奔與十行合閩監毛今誤令十一年傳外狄也何校合石經俞本呂本李本並同注

疏本脫也字解與君何校合各本脫君字解泄冶閩監毛作洩十二年解之

惡何校惡作罪非余本經先穀石經作穀釋文穀一本作穀十五年傳其曰惠棟

云曰當作日各本皆誤按古書日曰字往往相亂解十畝何校合各本作十五畝誤十六年解之樹

與各本同何校作謝非余本解故貴與各本同何校余本貴作善不相應十七年傳終身監毛

身誤日十八年解戕繒監毛誤繪傳路寢路寢何校合石經呂本俞本並同注疏本

不疊此二字非傳亦奔何校合石經胡傳俞本李本程本並同注疏本亦誤此經至檉遂奔齊

閩監毛跳此五字于還自晉下誤解不言監毛脫不字

成公元年解又加何校合注疏本加上衍如字解姪子字也十行姪誤姓二

年傳壹戰石經俞本十行同下同閩監毛壹作一下同　釋文謂笑其跛單行本釋文跛

上有蹤字今以此本照之則蹤字衍也　解不言公何校同注疏本脫公字　解善言高傒

何校余本脫高傒二字不相應按此行字密當是何所見本爲初印此爲余氏覆校挖補擠入也　經繒人監毛誤繪　三

年解所馮與釋文合注疏本作憑　七年經改卜閩監以改卜牛鼷鼠又食其角乃免牛十二字

跳於郊牛角之下非　解賢君與各本同何校余本君誤若不相應　九年解不復何校合十行閩

本復誤德　十三年經公自石經公下有至字　經齊侯何校合石經同注疏本脫　十

五年解見疏何校合十行閩本見誤是　十六年解衛是何校合注疏本脫是字　傳

存公監毛存誤在　傳存焉何校合石經俞本合注疏本焉誤也　解日之何校合十行日作巳

閩監毛作紀皆誤　十七年傳壬申何校余本脫壬申二字此不應似後來擠入

襄公元年經荀罃石經作嬰　二年經庚辰石經十行本合閩監毛辰訛寅

解稱其閩監毛其訛于　三年經自晉注疏本並同石經晉作會是也　六年傳非

立何校合石經陸本俞本並同閩監毛脫非字　九年經杞伯石經合注疏本脫此二字何失校　十
年傳何也何校合石經同注疏本脫也字　解此日閩監此誤比　十一年解凡
萬與各本同何校凡下有七字此不應○按有七字非　十七年經圍桃以下十一字與各本同何校余
本脫此十一字不相應　十八年傳同與何校合石經釋文並同注疏本與作爲非　十九年
解京城毛京訛亳　二十年經公子濕毛誤溼　傳弟兄何校余本
作兄弟此不應　二十一年經自晉毛晉訛會　經商任各本作商此經注並作商閩本注作商何
失校按釋文不爲商作音此恐誤　二十三年解而後何校合注疏本作后　二十四年
解塗堊何校合與釋文同各本堊誤塗　二十五年經同盟十行脫盟字　解然
後何校合注疏本作后　二十六年解以見之書日何校余本脫此五字不相應按
此是後挩捕擠入　二十七年解獻公各本公誤入按下文有旣入云云則此不當作入　解復
殺何校合各本復誤得此與釋文合　解上仁與十行同閩監毛作三何失校　傳氏姓何校合各

本作姓氏二十九年經九月各本作七月此與左氏公羊合何失校解言□燕者各本言燕二字接連此獨空一字疑北字之脫何校本無空格燕下有有字不相應○按言燕接連似是三十年解義有何校合各本義誤善解不弑十行閩本不作夷誤傳且不與石經合十行閩本且誤目昭公元年經三月與石經合何失校注疏本並作二誤五年傳以其地何校合石經無其字七年傳平者成也何校余本脫此四字此不應似後挽補擠入解使人何校合注疏本並脫人字解受名何校合注疏本受下並衍命字八年傳弟兄何校合石經呂本俞本同注疏本並作兄弟誤解爲旃何校合各本脫爲字解邊容何校合注疏本容訛空解幼少何校合此與釋文同各本少誤小傳閔之何校合石經呂本劉敞權衡孫覺經解張洽集解並同俞本注疏本之並訛公九年解淺薄何校合各本作薄淺十一年解世子痤十行作座解情禮各本禮作理何失校解此月何校合各本此作比毛本月作蒲此因比字誤而改蒲字以合之非有別本也解人衆毛誤作衆人解地也毛也作名是解殺一國何校合十行殺

下空一字閩監毛臆補作蔡 十二年解以絶何校合各本以作而 解伐者何校合各本脱者字 解能救何校合各本脱能字 十三年解弑君何校合各本弑作殺 解君道監毛作道君 解以至毛至作致 十七年解于檇監毛于誤於各本檇作攜誤 十九年解比夷何校合各本比下有三字 解其不弑何校同各本脱不字 解與弑君毛君作父 傳止不知何失校石經胡傳呂本張本李本家鉉翁詳說皆有止字俞本注疏本並脱止字 二十年經兄輒與十行同石經作輙是也 解覬曰毛訛覬 解斥言何校合十行斥訛目閩監毛改作自亦非 二十二年經癸酉朔何校合余本脱朔字此不應 經沈子盈滅閩監毛滅下衍獲陳夏切齒四字非也 解立明何校合注疏本明誤朝 二十五年解如增何校如作加不相應 經次于陽州閩監毛跳此四字于公遜于齊下非 三十二年解朝見何校合各本見作覲

定公元年傳此大夫石經呂本張本俞本並同注疏本此下衍其字 傳義焉何校

余本焉作也不相應傳冬、大雩非正也何校余本脫此六字此不應當是挖補擠入解謂君何校合各本謂誤爲○按儀禮經傳通解引作謂二年解下爾何校合各本爾作矣四年傳一事何校合石經俞本並同注疏本此二字誤作後一字解楚強各本作強楚何失校解復會各本會訛者何失校解楚都何校合各本都誤郡解知見此十字注監毛脫解元御何校同與釋文合各本亢誤抗解飢與十行同閩監毛作饑依說文當作饑然古書多以飢爲饑通用已久解由于何校合各本作乎十一年經弟辰閩監毛此下行及仲佗石彄公子地自陳入于蕭以叛宋公之弟辰二十字此與石經十行本合十二年傳不言圍何校合石經俞本同注疏本並脫不字傳邊乎何校余本邊誤迭此不應十四年經吳子光卒何校余本脫此四字此不應十

五年解以至何校合各本以作而

哀公元年傳謚郊何校合石經呂本李本俞本同注疏本並脫郊字解天變毛天訛大傳可矣何校余本矣誤也不相應解謂卜何校合各本卜誤下傳卜免監毛誤免卜

解當有何校合各本當作甞解爲上毛爲作曰解在我何校合各本在作皆傳不志何校合石經呂本張本俞本同注疏本志誤忘二年經東田此下閩監毛衍及沂西田傳取漷東田九字傳以輒不受也何校余本脫此五字此不應亦有擠入痕解鄭世子何校余本脫此三字此不應亦擠入三年傳於衞毛於誤于六年傳則其日何校余本脫其字此不應亦擠入傳弗受石經作不傳可以毛可誤何解後殺何校同各本殺作弑七年解如王閩監毛王誤言八年解宣元何校合各本元誤九解亦畧監毛亦誤言十年解以見公惡何校本以作用公下有之字此不應當後改十三年經元公何校余本脫此二字此不應十四年解取之者各本脫者字何失校解今言何校合各本上有注字今其恒各本作其常何校余本作有恒一應一不應祥瑞十行閩本訛葬端末附何休公羊傳序此因余氏有合刊公穀二傳跋故原本摹之今亦附刊于後

經籍訪古志

春秋穀梁傳十二卷 宋槧本 阿波侯藏

晉范甯集解每半板十一行行十八九字注雙行二十七字每章附音義每卷末有經傳注及音義字數又記仁仲比校訖余仁仲刊於家塾十二卷末記國學進士余仁仲校正國學進士劉子侯陳幾張甫同校議郎簽書武安軍節度判官廳公事陳應行參校癸丑仲秋重校訖又有紹熙辛亥孟冬朔日建安余仁仲跋序後及卷尾有余氏萬卷堂藏書記卷端捺金澤文庫

印此本係柴學士邦彥舊藏往年狩谷望之與松碕慊堂謀就阿波國學俾一書生影鈔毫髮盡肖宛然如宋槧今猶藏在求古樓攷清揚州汪氏重刊宋本公羊傳亦仁仲所校刊與此同種